Lágrimas Sagradas

Lágrimas Sagradas

RITUALES MÁGICOS
Y SABIDURÍA DE BRUJA PARA
LLORAR Y SANAR LA PÉRDIDA
Y EL DUELO

Courtney Weber

Traducción de Tamara Arteaga y Yuliss M. Priego

KEPLER

Argentina – Chile – Colombia – España
Estados Unidos – México – Perú – Uruguay

Título original: *Sacred Tears: A Witch's Guide to Grief*
Editor original: Llewellyn Worldwide
Traducción: Tamara Arteaga y Yuliss M. Priego

1.ª edición: febrero 2026

Woodbury, MN 55125 USA www.llewellyn.com

López de Hoyos, 92, Planta Baja Derecha – 28002 Madrid
www.edicionesurano.com

ISBN: 978-84-19656-19-3
E-ISBN: 979-13-87750-93-0
Depósito legal: M-26.860-2025

Fotocomposición: Urano World Spain, S.A.U.

Impreso por: Rotativas de Estella – Polígono Industrial San Miguel
Parcelas E7-E8 – 31132 Villatuerta (Navarra)

Impreso en España – *Printed in Spain*

Nota

Lágrimas sagradas es un libro que busca ofrecer apoyo espiritual e información general sobre el proceso del duelo. No pretende sustituir ningún tratamiento médico o psicológico y no debe usarse con el propósito de diagnosticar o tratar ninguna enfermedad o trastorno. Si sufres síntomas de cualquier enfermedad potencialmente grave, por favor, acude un profesional médico.

Para Ripley

Índice

Rituales, oraciones y ejercicios

Prólogo

La magia forma parte de la vida de las cosas. Cuando pensamos en la magia —y por ende en la brujería— solo pensamos en los hechizos, las pócimas, los rituales y la demostración de habilidades psíquicas. Sin embargo, la verdadera magia está en la vida, en el día a día y en las pequeñas cosas que todo el mundo vive. La magia está en todo eso que damos por hecho, en sucesos o actividades que realizamos todos los días, a menudo sin darles especial importancia, como cocinar, limpiar o trabajar. Por el contrario, procuramos no pensar demasiado en las cosas más grandes hasta que nos ocurren.

Aunque sean catastróficas para nosotros y nuestros seres queridos, los grandes cambios de la vida, como una enfermedad, una lesión y la muerte, por muy terribles y terroríficas que suenen, también forma parte de nuestro día a día. Tal vez no nos ocurran tan a menudo, pero sí que afectan, ya sea a una persona o varias, todos los días, y a su vez sus ondas nos afectan a todos. Son cosas normales, naturales, y un resultado lógico de la vida. A pesar de que las circunstancias parezcan injustas, sabemos por experiencia que forman parte de la vida. ¿Cuándo se acaba una vida demasiado pronto? Somos conscientes de que es imposible saber en qué momento llegará una vida a su fin, pero en el fondo esperamos disfrutar de una vida larga y sana en el mundo moderno. Aun así, no hay ninguna promesa de que vayamos a lograrlo, y vemos ejemplos de tales pérdidas constantemente, aunque la mayoría pensamos que nunca nos sucederá a nosotros ni a nuestros seres queridos. Hasta que sucede.

A menudo recuerdo una cita de uno de mis autores favoritos, a través del personaje de la muerte. Varias veces, (la muerte) les dice a los que están a punto de morir que han vivido lo mismo que todos: una vida.[1]

Cuando hablo de «normal» y del «día a día», no me refiero a que tales experiencias no sean importantes porque ocurran con tanta frecuencia. Todo lo contrario: forman parte del telar de la vida, tan fundamentales para nuestro universo como la gravedad o el electromagnetismo, o para nuestro medioambiente como el tiempo y las estaciones. La enfermedad, las lesiones, la pérdida y la muerte son bloques tan fundamentales como el nacimiento, la vida, la salud y la cosecha.

Como brujo y profesor de brujería, menciono mucho las cosechas, los sacrificios, la muerte y el renacimiento, al igual que muchos otros brujos. Vemos la regeneración moderna de nuestra práctica como algo que tiene raíces en la magia, en la medicina del ciclo agrario y en la vida folclórica de pueblo que muchos romantizamos en el mundo moderno. Tendemos a olvidar cuantísimo trabajo era, y sigue siendo para aquellos que eligen vivir de esa forma, y que en aquellos tiempos la fina línea entre la vida y la muerte a menudo era incluso más fina aún; la red de seguridad de la sociedad también era menos segura. Una mala cosecha podía significar la muerte para mucha gente. Mientras hablo sobre esto, yo también estoy distanciado y a salvo en mi preciosa casa. Creo

---

1. Gaiman, N., Kieth, S., Dringenberg, M., Jones III, M., Vozzo, D. y Klein, T. (2020). *Biblioteca Sandman Vol. 01: Preludios y Nocturnos*. ECC ediciones.

que jamás me ocurrirá a mí. Aun así, la historia nos demuestra continuamente que sí, puede pasarme a mí o a cualquiera de nosotros.

Debido a esto, muchos brujos estamos más distanciados de la muerte de lo que nos gusta fingir estar. Es cierto, bastantes de nosotros contemplamos y meditamos sobre la muerte, llevamos a cabo trabajo espiritual para comulgar con los ancestros o incluso hacemos de médium para conectar con los recién fallecidos, y eso nos ayuda a integrar nuestro conocimiento espiritual de la muerte y el renacimiento. Sin embargo, lo hacemos desde una distancia prudencial de la misma muerte. Algunos fetichizan la muerte y la oscuridad, y aunque creo que esa estética macabra tiene su lugar en nuestra tradición, debe hacerse con más conciencia y no por mera elección de moda. Al igual que en algunas tradiciones orientales de la India y el Tíbet, donde las prácticas tienen lugar en crematorios y usan iconos de calaveras o de divinidades iracundas, estos ritos nos ayudan a entender estas fuerzas como parte natural del cosmos. Apenas hay personas que llegan a comprender esas realidades. Dado que es imposible superar esta realidad, algunos buscan en la oscuridad y la muerte la manera de empoderarse a través de (y a menudo pisoteando a) otros cuando emprenden el camino. Abrazar esa iconografía por dicha razón podría ayudarnos a superar los primeros obstáculos, pero nos impedirá entender y abrazar los misterios verdaderos y más oscuros. Así pues, cuando la muerte se presenta, puede sorprendernos y hasta aturdirnos, incluso aunque creamos mantener una relación con ella y caminar al lado de los ancestros y deidades del inframundo.

Como brujo, me considero parte del sacerdocio, aunque me he dado cuenta de que no todos los que se identifican con el término *bruja* o *brujo* lo hacen. Según mi experiencia, aprendemos a ser nuestros propios sacerdotes para llevar a cabo rituales personales o para un pequeño grupo de personas, y luego nos formamos en los mayores misterios del aprendizaje, el liderazgo, la sanación y el servicio en formas del alto sacerdocio o el clero. En la actualidad, el apoyo a la clerecía del paganismo y la brujería está creciendo, y asumimos muchos roles para los que nuestro entrenamiento mágico no nos había preparado.

Uno de esos roles es sentarnos con los moribundos y atender a la familia del recién fallecido. Aunque los estudios académicos pueden servir de ayuda, nada te prepara realmente hasta que lo haces, e incluso entonces, cada vez es completamente única. Todo el mundo necesita cosas distintas y responde a nuestra presencia de forma diferente. A veces se trata simplemente de silencio y presencia. Otras, hablar sobre creencias y los paradigmas del más allá. Y otras, un ritual, meditación o trabajo energético. En mi caso, se ha tratado de estar allí sentado, totalmente presente.

Como brujo, a veces me llaman para hacer de pastor para personas que no encajan en ninguna otra religión o paradigma espiritual. Ofrecemos rituales para que el alma del difunto cruce al más allá y ritos funerarios para la familia y la comunidad. A menudo, un ritual puede servir para ambos propósitos. Pero aparte de eso, no poseemos muchos recursos, apoyo o enseñanzas para acompañarte al más allá. Afortunadamente, eso está cambiando, y por eso empatizo tanto con los pensamientos de Courtney sobre nuestra práctica común dentro de la brujería. Yo mismo me he visto en esa tesitura de formas diferentes. Y sé que ella, como profesora, líder comunitaria y sanadora, también ha tenido una base similar y responsabilidades para con su comunidad. Cuando echo la vista atrás hacia la formación que he recibido, había muy poco material sobre cómo afrontar nuestro propio proceso de duelo. Es extraño cómo la gente espera que el duelo no tenga mayor relevancia para un «líder espiritual» y piensen que no necesitamos apoyo ni ayuda.

La magia a veces se manifiesta con una profunda conciencia interior y exterior. Estás en el lugar indicado en la hora indicada, haciendo lo correcto. Los mundos se alinean y algo sucede. No siempre será perceptible desde fuera, pero conforme vayas creciendo en el oficio, te darás cuenta de que lo que más nos cambia por dentro, y más sutilmente por fuera, es lo que más magia acarrea. Al menos, así es para mí.

Sin que Courtney lo supiera, en el aniversario de la muerte de mi madre, el 3 de mayo, recibí un mensaje de ella sobre este libro, *Lágrimas sagradas*. Aunque han pasado muchos años, seguía pensando en la muerte, la vida y la familia. La llamada fue como si se alinearan los astros. Algo en mi interior se abrió y aceptó pese a haberles dicho a mis compañeros lo ocupada que tenía la agenda y que apenas tendría tiempo para nada. Si el mensaje hubiese llegado un día antes o un día después, mi respuesta quizá habría sido distinta. Pero en ese momento no me hizo falta ninguna otra señal. Fue magia.

El fallecimiento de mi madre —su diagnóstico inicial de cáncer de páncreas, los problemas, las operaciones, la quimioterapia y la radiación, las búsquedas de medicina alternativa y, finalmente, su muerte— fue uno de los mayores regalos que pudo darles a sus seres queridos. Al ser también bruja, tuvimos la suerte de tener tiempo de hablar y obtener una comprensión mutua de nuestras creencias, esperanzas, inquietudes y decepciones. No nos dejamos nada dentro. Dado que era bruja, trajo el misterio de la enfermedad, el sacrificio, la muerte y el duelo a mi vida. Ya no era algo tan lejano ni lo volvería a ser. Aunque el duelo es un proceso, nunca desaparece del todo. Tu relación con él va cambiando con el tiempo, la magia y la conciencia. Tal vez yo no haya participado en la cosecha ni haya sido víctima de la cacería como mis ancestros paganos, cuando la vida pendía de un hilo y la muerte era una posibilidad real, pero ahora la muerte está claramente conmigo y me ayuda a desarrollar mis acciones y conocimiento, y extrañamente también me aporta un sentimiento mayor de paz. Cada muerte desde entonces me ha brindado experiencias y conocimiento distintos, y que sienta su presencia continuamente no significa que esas muertes hayan resultado fáciles para mí. De hecho, tal vez por el hecho de comprender la muerte y el duelo mejor han sido incluso más difíciles, aunque regalos igualmente. La bendición y maldición que puede ser la muerte, al igual que la bendición y la maldición de una bruja, es la paradoja mágica donde ambas son verdad y a la vez ninguna lo es. Cuando los mundos se alinean, las sincronicidades ocurren y la vida se vive; es ahí cuando la magia se expresa de verdad. Has elegido este libro. Léelo. Cuando llegue el momento, prueba cosas. Deja que la realidad cambie. A ver qué pasa.

Me enorgullece enormemente leer tal nivel de sinceridad y comunicación sin reservas en este texto, aunque no esperaría menos de Courtney. Es una sacerdotisa extraordinaria que me inspira. Estos testimonios pueden ayudarnos a entender que no estamos solos en nuestro duelo y dolor, y que a veces esa es la parte más importante. Me emociona verla aportar formas distintas en que los brujos, paganos o cualquiera propenso a la magia pueden navegar a través de su pena y dolor.

Ten presente que la muerte nos llega a todos, y que, pese a su enormidad, también es algo natural y normal: es parte de la vida. Abraza la enormidad. Abraza la normalidad. Vive y experimenta lo que venga. Deja que la sabiduría te guíe cuando pueda, y cuando no, sigue tu propio y arduo camino.

Christopher Penczak
Mayo de 2023
Salem, Nuevo Hampshire

Introducción

Hola. Bienvenido.

Has elegido este libro por alguna razón, y seguro que esa razón es dolorosa. No sé por lo que has pasado. Puede que ni siquiera te conozca. No importa. Me alegro de que estés aquí. Siento que hayas vivido esa razón.

Puede que tú también hayas perdido a alguien cercano a causa de la muerte, la distancia o una enfermedad cruel que eclipse su memoria y su personalidad. Tal vez estés tratando de asimilar la pérdida de una relación, ya sea platónica o romántica. Quizá un trabajo o un proyecto que te encantaba ya no está disponible, o una causa que te apasionaba ha cambiado de rumbo. A lo mejor estás lidiando con el luto, una pena difícil de someter, o tal vez tu mundo está mudando y ya no volverá a ser como antes. Sea cual sea tu historia, supongo que estás triste y afligido.

Quizá te identifiques como brujo o bruja, al igual que yo. O tal vez no personalmente, pero alguien a quien quieres sí y está afligido. Es posible que el concepto de brujería te resulte nuevo, pero en tu proceso de duelo estés investigando formas diferentes de lidiar con él. Sea cual sea tu historia, te doy la bienvenida. Retomaremos el tema de qué significa ser brujo en el primer capítulo. Mientras tanto, hablemos sobre la pérdida y el duelo.

Por desgracia, las pérdidas son ley de vida, y el duelo es inevitable. Aun así, aunque tu pérdida haya sucedido de repente o tras un lento proceso, el duelo permanece contigo mucho después de que el ser querido se haya ido. El duelo es fruto de la pérdida, pero también es fruto del amor.

No quería escribir este libro. Viví una pérdida de esas que te cambian el corazón, la perspectiva, la forma de hablar y el mundo entero. No fue la primera, y seguro que tampoco será la última, pero me creó la necesidad de tener un recurso que pudiera ayudarme a asimilar lo que había vivido como bruja. Las librerías ofrecían bastantes recursos escritos por cristianos amables, budistas reflexivos o personas agnósticas y consideradas, pero no había nada de brujos para brujos. Anhelaba un texto dirigido a mi propio camino espiritual. Este era el libro que hubiera querido leer mientras lidiaba con el duelo. Como no pude encontrarlo, lo he escrito.

Este libro no ensalza ninguna religión o camino espiritual, ni trata de crear un sistema de luto universal para los brujos. A pesar de que explico mi frustración con los defectos espirituales de la brujería, no pretendo devaluar o ridiculizarla. Comparto cómo me ha ayudado durante las diferentes fases del luto, pero este libro tampoco es un testimonio de alabanzas a la brujería. Este libro está destinado a acompañar a las brujas y brujos en su proceso de duelo.

Muchos comparan aceptar su camino (o salir del armario escobero) con huir corriendo de una sociedad opresora que creen que les ha impedido hablar, vestirse, pensar o sentir de la forma que ellos quieren. Algunos asemejan aceptar la brujería con huir de un cautiverio y llegar a un bosque frondoso en el que no se aplica ninguna regla que se les había establecido. En ese bosque no hay mapa y, por lo tanto, no hay reglas, salvo las que provienen de la tierra, el aire, el sol y la lluvia. La tierra es la que tiene el control, no la opinión humana. En vez de las limitaciones de los pensamientos y juicios arbitrarios humanos, el brujo está conectado con el ritmo vetusto del planeta.

La mayoría de los brujos no viven en un ambiente silvestre, pero muchos describen su salida de la religión o camino espiritual de su juventud y su entrada en la brujería de una forma similar. Sienten paz ante tal libertad... durante un tiempo.

La naturaleza indómita ofrece libertad, pero no instrucciones o apoyo en caso de que un explorador se caiga y se rompa una pierna. Asimismo, la brujería ofrece a quien investiga una libertad que, a menudo, las tradiciones espirituales o las religiones rechazan, pero no siempre ofrece un camino a seguir cuando esa persona sufre a causa del luto. Tal vez haya personas que razonen que ninguna tradición ofrece una guía útil para esos momentos.

Tal vez te encuentres en ese momento.

Imagina que te encuentro a solas y dolido en ese bosque metafórico debido a tu pérdida. No soy médica ni sanadora multiusos, pero sí que tengo varios elixires en mi mochila que me han ayudado cuando lo he estado pasando mal. Quizá algunos mitiguen varios síntomas para ayudarte a avanzar hacia el elixir de otro alguien, que tal vez alivie más síntomas. El duelo es muy subjetivo, y no hay una cura para todos los tipos. Esperar o asumir que la hay es un error. Mis experiencias con el duelo han sido únicas y cada una ha precisado de formas diferentes para lidiar con él. Perder a amigos en un accidente automovilístico fue diferente a perder una relación por alguna circunstancia, un bosque adorado por el cambio climático, una comunidad por el tiempo, a mi primer hijo por cromosomas defectuosos y a mi segundo hijo por razones que jamás sabré. Mis experiencias difieren de las tuyas. No concordarás conmigo en todo lo que aparece en este libro y no tienes por qué hacerlo.

¡Lo repito para los brujos y las brujas que me leáis! No estarás de acuerdo conmigo en todo lo que aparece en este libro. Y. No. Tienes. Por. Qué.

El duelo es demasiado personal como para que dos personas lo vivan de la misma manera, pero espero que en mis testimonios puedas encontrar la familiaridad suficiente y métodos que te consuelen mientras desarrollas tus propios medios para lidiar con él.

No estoy sola, y tú, tampoco. Nadie es inmune a las pérdidas. Actualmente estamos siendo testigos de un apocalipsis medioambiental y lloramos la pérdida de estaciones, animales y espacios naturales. Aquí, en Estados Unidos, casi todos los días nos enteramos de que ha habido tiroteos y que personas de color han muerto a manos de la policía y el racismo. A nivel global, estamos experimentando de forma violenta y descontrolada transfobia, homofobia, islamofobia, antisemitismo y amenazas funestas a las democracias que muchos no hemos sabido valorar. Mientras escribo esto, nos adentramos en el tercer año de la pandemia que se ha cobrado casi siete millones de vidas por todo el mundo. Vivimos en una época de luto colectivo. Los brujos veneran especialmente la vida y la muerte, pero nuestras comunidades y tradiciones carecen de las herramientas necesarias para lidiar con el luto que sucede a una pérdida.

El camino de la brujería es muy personal. El luto, también. El luto como brujo resulta, asimismo, algo particularmente personal. A pesar de que no puedo hacerlo desaparecer, puedo acompañarte en tu camino.

Todos los lutos cuentan con una historia. Tú también la tienes. El primer capítulo de este libro incluye uno de mis testimonios: cuando perdí a un bebé en la duodécima semana de embarazo. Es duro, crudo y desagradable, y no he escatimado en detalles a propósito. A lo largo de este libro incluiré también testimonios de amigos del mundo de la brujería que han vivido tipos de pérdidas distintas y ofrecen perspectivas diferentes (aviso de que en una ocasión se hace referencia al suicidio).

Las redes sociales están llenas de imágenes que suavizan el tema, con memes populares que alientan ciertas sensaciones, como el de «no llores porque se acabó, sonríe porque sucedió» o «Todo pasa por algo». He desechado a propósito ese tipo de glosario, que es una de las mayores razones por las que escribo este libro.

Tómate tu tiempo con este libro. Sáltate algunas partes y pasa más tiempo con otras. Vuelve a las que te hayas saltado. No todo será triste. El luto está lleno de cosas extrañas y maravillosas. Algunas son bonitas y otras, alegres. De vez en cuando el luto es incluso divertido. Con esto no me refiero a que una pérdida «vale la pena». Hay muchas cosas que el luto me ha dado que devolvería a cambio de recuperar lo que he perdido. Sin embargo, uno de los regalos es la oportunidad de explorar lugares en nuestro interior que quizá no veamos en otras circunstancias. Al igual que pueden emerger cosas bonitas de lugares oscuros, como las setas, los escarabajos o las flores que prefieren las sombras, una parte de nuestra alma florece solo en las situaciones más adversas. Ya que estamos aquí, aprovechemos para echar un vistazo a esas partes, las bellas que prosperan en la adversidad.

1

Cuando ocurre la pérdida

Una vía intravenosa me inyectaba analgésicos por el brazo derecho. En la mano izquierda, una pinza con una lucecita roja registraba los latidos de mi corazón. Un pulpo morado se movía por el techo. Me reía. Cuando cerraba los ojos, estaba en un cóctel con gente de otro siglo y todos se reían conmigo. Sabía que el pulpo no era real, sino una alucinación fruto de los fármacos. Pero no estaba segura en cuanto a las personas de la fiesta. Parecían reales. Estaba riéndome con ellos hasta que una campanita tañó y mi marido me llamó, ya que mi ritmo cardíaco había bajado mucho y la alarma había saltado. Las dos pastillas blancas que la enfermera de urgencias me había dicho que mantuviera en la boca, entre el carrillo y las encías, por fin se estaban disolviendo y sabían amargas y asquerosas; la medicación aceleraría la expulsión de mi cuerpo de los restos de nuestro hijo, al que se le había parado el corazón de repente unos cuantos días atrás. Nuestro médico, un veterano del ejército joven y con elocuencia militar y concisa, atenuó las luces para mi comodidad. En algún otro lugar de aquel pabellón, un paciente se peleaba con los enfermeros por culpa de un episodio provocado por su enfermedad mental. Eran las tres de la mañana, mi hora de las brujas.

A principios de esa semana había salido mi libro sobre Hécate. Sin yo saberlo, aquella noche mi teléfono se encendió con varias notificaciones de Instagram y mensajes de felicitación. A la gente le había encantado el libro. Por lo que leí luego en los comentarios y mensajes, cambió sus vidas y reafirmó su camino. Dijeron que mis palabras consolaron a muchas personas. Mi libro estaba guiando a los lectores a Hécate.

Pero mientras todos esos halagos llegaban, me giré hacia mi marido desde la cama de hospital y le dije: «Que les den a los dioses».

Tal vez partes de mi historia te resulten familiares.

El momento de la pérdida es surrealista. ¿Está pasando de verdad? Buscamos pistas de que tal vez todo sea un mal sueño. Nos pellizcamos o miramos un reloj en un intento por despertarnos de una situación que no puede ser real. Imposible. Es tan irreal que parece que estemos observando esa horrible situación desde fuera, como meros espectadores, en vez de vivirlo en primera persona. No puede estar sucediéndonos. Esa clase de pérdida solo le ocurre a los demás. Pero no. Esa pérdida es nuestra.

¿Por qué?

Somos brujas y nuestros poderes deberían haber evitado que esto pasara, ¿no? ¿Han fallado nuestros hechizos de protección? ¿Un enemigo nos ha maldecido? ¿Dónde estaban los dioses, los espíritus guía y los ancestros? ¿Dormidos? ¿Habían causado esto por alguna razón desconocida y cruel? ¿Habían existido alguna vez siquiera?

Si eres como yo, te habrás preguntado muchas cosas sobre tu primera religión, cosas que desaparecieron cuando abrazaste tu camino como brujo. La brujería parecía más real, brindaba experiencias más concretas con un poder divino y moldeaba la vida con un propósito mayor que el que la religión nos presentaba en un principio (o nos obligaba a seguir). Pero la pérdida hace tambalear la seguridad, y muchos de nosotros nos vimos de pronto llenos de dudas, preguntas y sensaciones de traición que ya habíamos sentido con aquellas religiones originales.

¿Y ahora qué?

Retrocede en el tiempo conmigo durante un momento...

Crecí en una familia católica en un Oregón secular. Nuestra familia era una de las pocas que conocía que iba a misa, y de todas las que iban, éramos una de las pocas que asistían casi todos los domingos (no solo en festividades). Estudié en un colegio católico durante cinco años e iba a catequesis los miércoles por la tarde noche, ya hiciera frío o lloviera. Comía pescado los viernes, dejaba sitio al Espíritu Santo (mayormente) en los bailes del colegio y en mi confirmación recibí un rosario que el sacerdote accedió a bendecir (aunque me las había arreglado para saltarme algunos de los sacramentos preparatorios). También asistía a un campamento de la Biblia metodista en la costa de Oregón todos los veranos y escuchaba atentamente los sermones baptistas cuando visitaba a mi familia en Carolina del Sur. Rezaba por las noches. Trataba de no pecar. Aun así, siempre sentía a Dios más en las llamas de las velas durante las misas, en el océano del campamento bíblico y en el barro rojo del jardín trasero de mi abuela que en cualquiera de sus supuestas casas. Me interesaban más los exorcismos que las Sagradas Escrituras, y las historias sobre ángeles, fantasmas y demonios más que las que hablaban de redención. Empecé a creer que Dios se hallaba en el mundo físico que me rodeaba, que más que un ser invisible en el cielo era una energía presente. Me di cuenta de que me resultaba más fácil hablar con los muertos que con Jesús.

El día que cumplí veinte años me pregunté si no sería una bruja. La sola pregunta me hizo temblar de emoción y felicidad.

Llevaba años sabiendo que no era cristiana de verdad. Era *algo* que no tenía nombre. Un día se lo di y sentí que había llegado a casa. Era una bruja. *Era una bruja.* Me guardé esa revelación para mí, pero abracé a casi todos a los que vi aquel día, incapaz de verbalizar la transformación y la profunda compresión que había vivido mi corazón. Era demasiado maravilloso, precioso y sagrado como para compartirlo con los demás. No me hacía falta. Tenía a los espíritus. Tenía a mis antepasados. Tenía al mundo verde y viviente de mi alrededor. Y también tenía a los dioses. No sabía qué significaba eso, pero sentía que estaba accediendo a una versión polifacética de lo divino, una más presente y palpable que las versiones de Dios que había conocido como cristiana.

La brujería me regaló un propósito y una aventura. Tras la universidad, me mudé a Nueva York. Mis primeros años fueron difíciles y estuvieron llenos de errores impulsivos que me costaron muy caros. Aun así, tal y como mi novio de por aquel entonces decía, siempre me ponía de pie. Atribuía a mi práctica de la brujería seguir teniendo trabajo y casa durante una dura temporada de recesión en la que muchos de mis compañeros se vieron en la obligación de mudarse al sótano de sus padres. A mí me llevó a Irlanda varias veces. Me llevó a crear un aquelarre que floreció y se convirtió en una de las comunidades de brujos más grandes y activas del área triestatal. Me vi compartiendo mesa con algunos de los mayores teólogos y filósofos espirituales de la actualidad. Cumplí el sueño de convertirme en autora y publiqué cuatro libros, todos inspirados en mis creencias y experiencias como bruja politeísta.

Y en mitad de todo eso, conocí a mi marido.

Unos cuantos meses antes de conocerlo, sufrí lo que, por entonces, fue la mayor tragedia de mi vida: perdí la relación con un hombre con el que creía que me casaría, y que también había sido uno de mis mejores amigos durante años. Literalmente, un día estábamos hablando de matrimonio y al siguiente, la relación se había terminado. De la noche a la mañana, alguien cuya presencia había sido fundamental para mí durante toda una década pasó a estar muerto a efectos prácticos, aunque seguía estando muy vivo, ya que después de terminar la relación no nos volvimos a ver ni a hablar. Cuando por fin dejé de llorar por esa relación, me arrodillé en el altar que le había hecho a la diosa Brigid y encendí una vela antes de pronunciar un hechizo sencillo pero sincero: «Diosa Brigid, tú sabes dónde está mi pareja de vida. Estoy preparada. Tráemela».

Y lo hizo. Semanas después de que lanzara el hechizo, conocí a mi marido.

Tanto él como yo somos piezas extrañas en el complejo puzle de la humanidad. A ambos nos costaba encajar con los demás de forma romántica y habíamos empezado a creer que no estábamos hechos para las relaciones a largo plazo. Pero cuando nos conocimos, hallamos al instante consuelo y una química brutal que terminó convirtiéndose en amor. Que hubiera entrado en mi vida también se lo atribuí a la brujería.

Debido a un tema médico, supimos pronto en nuestra relación que tener hijos iba a resultar difícil. Valoramos adoptar, pero en nuestra luna de miel admitimos que queríamos tener hijos biológicos. Inmediatamente después, pedimos cita en una clínica de fertilidad y nos dijeron que podíamos tener esperanza. Algunos consejeros espirituales de confianza me leyeron las cartas y vieron señales favorables. Empezamos un caro tratamiento hormonal para corregir el tema médico y llevé a cabo unos hechizos complejos que me recomendaron tarotistas, sacerdotes y personas del ámbito de la salud. Nos bañamos desnudos en el océano helado y vertimos *whiskey* caro en la orilla. Quemamos velas y rezamos a Brigid, diciéndole que estábamos listos para ser padres. Después de dos años, cuando quedó claro que los tratamientos caros y logísticamente complicados habían fallado, lloramos.

Nos embarcamos en procedimientos médicos más intensivos y sí que conseguí quedarme embarazada. Pero en nuestra primera ecografía, no había latido. El sonograma solo mostraba un círculo diminuto sin vida en su interior. Es algo denominado «embarazo anembrionario», pero para aquellos que desean quedarse embarazados, un término más apropiado sería «broma cruel». Al principio, la persona embarazada experimenta el malestar propio del embarazo mientras sabe que su cuerpo se está preparando para abortar. Cuando el aborto por fin llegó, agarré con fuerza un amuleto de fertilidad durante todo el dolor. Recé tanto a Brigid como a Morrigan para que me ayudaran a superar las cincuenta horas insoportables que me llevó pasar aquella primera pérdida.

Cuando sané, lo volvimos a intentar, pero después de un año sin quedarme embarazada, empezamos la fecundación in vitro (FIV). Se trata de un tratamiento más caro e invasivo que supone ponerse inyecciones varias veces al día, un procedimiento quirúrgico con anestesia y días aburridos de descanso, todo ello sin garantías de éxito. Semana tras semana, conducía una hora de ida y otra de vuelta para un tratamiento de acupuntura con una doctora china famosa por su éxito con la infertilidad, la cual me recetó que me tragara unas hierbas amargas. Seguí encendiéndoles velas a los dioses y haciéndoles ofrendas diarias. Sacrifiqué el alcohol y entregué «mis copas» al altar. Pedí a nuestros ancestros que me ayudaran a traer al mundo a un descendiente. Dormía con un amuleto de fertilidad bien apretado en la mano. Me lo había regalado una bruja famosa, jurándome que le concedía hijos a todos los que alguna vez lo habían tenido. Salía al jardín bajo la luna llena y hablaba con el espíritu de nuestro hijo nonato, donde fuera que estuviese. «Ven ya, cariño», susurraba a la noche. «Hay mucha gente preparada para quererte».

Pero el tratamiento de la fecundación in vitro fracasó dos veces. Los diminutos embriones, que mi médico describía como prometedores, no terminaban de germinar en mi vientre.

Mi marido y yo mantuvimos nuestro periplo mayormente para nosotros. La gente que acude a los tratamientos de fertilidad a menudo tiene que aguantar frases clichés como «Tú solo relájate» o «Prueba el CBD», o también historias horribles sobre cómo a Fulanita de tal no le funcionó la fecundación in vitro. Todo el mundo espera que expliquen por qué no se buscan un «vientre de alquiler» o adoptan sin más, como si todas esas opciones fuesen «más» sencillas. Debo mencionar que cuando valoramos adoptar, también nos contaron al instante otras tantas historias horribles o esperaban que explicáramos por qué «estábamos quedándonos con el hijo de alguien en vez de tener el nuestro propio». Cuando quieres tener hijos y te cuesta quedarte embarazada, tus elecciones rara vez satisfacen a la gente.

La comunidad de brujos es un lugar único y complicado en el que lidiar con la infertilidad. Aparte de las ubicuas imágenes de diosas embarazadas y la celebración de alguna festividad de fertilidad cada pocas semanas, la gente trató de ayudarnos describiendo visiones que habían tenido de nuestro hijo o sueños en los que yo estaba embarazada, o transmitiéndonos buenos deseos para nuestro «bebé espíritu». En otras palabras, el alma de nuestro embarazo fallido. Aunque lo hacían con la mejor de las intenciones, rara vez era bien recibido.

A menudo se dice que Brigid es la diosa de las comadronas. En algunos mitos incluso la misma Morrigan es madre. Ninguna pareció ayudarnos, ni tampoco lo hicieron los orishas, a quienes nuestros amigos iniciados en la Regla de Ocha les pidieron en nuestro nombre. Empecé a escribir un libro sobre Hécate. Con la luna nueva, mi marido y yo dimos un paseo por la oscuridad hasta llegar a un cruce, donde le ofrecí el libro a Hécate si nos ayudaba a tener un niño. Como es habitual con Hécate, dejamos una ofrenda generosa en el cruce y nos dimos la vuelta sin mirar atrás.

Por fin ocurrió.

En un círculo interminable de infertilidad, se dice que un positivo en una prueba de embarazo es una posibilidad, no una promesa. Teníamos una posibilidad y mantuvimos los dedos cruzados y la noticia en secreto hasta la primera ecografía. Cuando vimos la imagen de nuestro bebé y oímos el pum-pum-pum de su pequeño latido, lloré. Seis semanas después, tuvimos la segunda ecografía. El pequeño latido se oía incluso más fuerte, y la imagen de nuestro bebé era clara, aunque parecía un montón de piedras lunares en la pantalla. Mi vientre creció enseguida. Nuestra médica de fertilidad dijo que nuestro caso había sido un éxito y nos dio el alta. Escribí un registro de nombres y mi marido y yo discutimos algunos, y empezamos a compartir la noticia.

Salía de cuentas en el Imbolc, el día de Brigid. Era una señal de que los dioses habían estado con nosotros siempre. Creímos que Brigid por fin nos había concedido un hijo. Aunque estaba claro que Hécate también había tenido algo que ver en ello.

La pérdida no entiende de deseos. No tiene en cuenta fechas, festivos ni cronología. Cuando ocurre, parece una bofetada a mano abierta de los espíritus, las Moiras, o cualquier ser divino en el que creamos. El lunes de la duodécima semana de nuestro embarazo empezó sin ningún contratiempo, pero por la noche sentí un dolor repentino y sangré. Salimos corriendo a urgencias y, finalmente, la pérdida se produjo. Nuestro médico de urgencias dijo que nuestro hijo debía de haber muerto poco después de nuestra última ecografía, justo cuando las cosas parecían tan prometedoras. Los dioses o bien se estaban riendo de nosotros haciéndonos creer que íbamos a tener un hijo y quitándonoslo cuando por fin nos sentíamos cómodos, o bien no les importábamos lo más mínimo. Tal vez ni siquiera existieran.

En los días posteriores, me quedé sentada en el sofá mirando a la nada. La personita que tan rápido había transformado mi vida de repente ya no estaba. ¿Qué iba a ser de mi mundo ahora? Sentía que se había acabado. Ya no había mundo sin esa personita.

Mientras tanto, mi teléfono seguía notificando mensajes de Instagram en los que halagaban mi nuevo libro sobre Hécate. Los lectores decían que mis palabras habían ayudado a gente a conectar con una diosa y a identificarse como brujas.

«Bien por vosotros», respondí en silencio a sus comentarios. «Pero no por mí».

Nuestro altar permaneció frío e ignorado. Los dioses se mantuvieron callados.

De repente, la brujería dejó de tener sentido.

¿Qué te convierte en brujo o bruja?

La palabra «bruja» ha significado cosas distintas a lo largo de los siglos. Históricamente, el término siempre ha albergado una connotación negativa. Una bruja era alguien capaz de hacer daño, ya fuera por medios físicos o espirituales (como envenenando o maldiciendo a alguien), o se usaba como insulto para describir a alguien con malas intenciones. En décadas recientes, en muchas partes de Occidente, el término «bruja» se ha considerado revolucionario. Ha encarnado multitud de cosas, incluyendo el rechazo formal a la religión organizada y al patriarcado, el amor por la tierra, el abrazo de la feminidad sagrada, la desaparición del género binario y la práctica de la magia.

La definición de «brujería» es tan variada como las personas que la practican. Yo personalmente defino a un brujo como «persona que trabaja con la magia», lo que incluye lanzar hechizos (definidos aquí como «acciones rituales con la intención de provocar un cambio en el mundo interno o externo de alguien») o mantener una relación con los espíritus (definidos aquí como «entidades conscientes que no existen de forma corpórea, pero que se mueven por el mundo»). Conozco a muchos brujos para quienes la brujería es su religión. También conozco a bastantes cristianos, judíos, musulmanes, ateos y más que, de igual modo, se describen a sí mismos como brujos. Si alguien lanza hechizos o se comunica con los espíritus (o ambos) y se denomina bruja o brujo, yo también los reconozco como tal, independientemente de si tienen alguna otra identidad religiosa. Al mismo tiempo, soy consciente de que la palabra «bruja» no es bienvenida en todas las culturas y contextos. Hay muchas tradiciones y culturas en las que la gente practica algo similar a lo que yo hago, pero jamás se considerarían brujos. Dada esa perspectiva, yo no atribuyo a nadie el título de brujo, pero si alguien se denomina así, le tomo la palabra.

Mi viaje a través de la brujería ha sido en gran parte politeísta; es decir, creo que existen muchos dioses distintos. Aunque es común entre bastantes brujos, no es universal. Otros tantos creen que lo divino es desconocido. Algunos creen en una única fuerza divina que lleva distintas máscaras. Hay una gran cantidad de brujos ateos, que no creen en ningún dios, y muchos que creen en algo completamente distinto.

Esa es una de las cosas positivas de la brujería. Ser brujo lleva consigo la libertad inherente de poder determinar tus propias creencias y código moral. No hay doctrina que dicte en lo que se debe creer, ni códigos de conducta, ni tampoco reglas arbitrarias. Como bruja, no me preocupa que una pequeña infracción pueda condenarme al sufrimiento eterno. No me da miedo cometer un error inconsciente y que eso me marque para siempre en alguna especie de libro celestial o tenga que hacer penitencia a una deidad. Pero una de las lecciones más duras que he aprendido sobre la brujería es que, pese a toda esa libertad que ofrece, también tiene grandes defectos.

En los días posteriores a nuestra pérdida, anhelaba un sitio en el que comprender. Sumergida en la pena, me sentía abandonada por todo en lo que había creído durante tanto tiempo. Mis rituales me parecían falsos, y si había algo tras las efigies de mis altares, no quería tener nada que ver con ello. Un dogma no oficial de la brujería es que tenemos control sobre lo que nos ocurre. Si algo malo sucede, a menudo nos preguntamos si no hemos pronunciado el hechizo correcto o si hemos formulado mal una intención. Si tenemos algo que ver en lo que nos ocurre, ¿no tenemos también el poder de cambiar el desenlace? ¿Había causado yo, como bruja, mi propia pérdida sin querer tras haber usado mal la energía o haberme desecho de la negatividad de forma equívoca? ¿Me había maldecido alguien y no me había dado cuenta? La brujería puede llevarnos a creer que tenemos el control, pero la pérdida nos recuerda que no es así. No hay hechizo, ritual u oración que pueda devolvernos lo que nos han quitado una vez que no esté.

Muchos intentaron consolarme, asegurándome que no había hecho nada mal, lo cual me dejó preguntándome si me había pasado toda mi vida adulta persiguiendo un espejismo. Si la brujería no había causado mi pérdida y tampoco podía evitarla, ¿era real siquiera? ¿Qué sentido tiene ser bruja si no puedo controlar mi destino?

Cuestionar nuestras creencias tras la pérdida es algo natural en el ser humano, sí, pero es terriblemente solitario para quien está pasando por ello. Rebusqué en las librerías algo que pudiera brindarme cierta guía espiritual. Encontré cientos de libros de brujería con hechizos para atraer amor, dinero y suerte a mi vida, así como otros para eliminar la mala suerte o incluso para maldecir a un enemigo. Pero ninguno pudo ayudarme, como bruja, a darle sentido a mi pérdida. Era fácil encontrar rituales para honrar a los muertos, pero no un apoyo para el largo viaje que supone el duelo después de perder a esas personas. Incapaz de encontrar algo que se alineara con mi camino espiritual, regresé a las tradiciones que había abandonado y a algunas que nunca había explorado realmente. Pero todos los libros cristianos parecían ofrecer alguna variación de «las cosas malas forman parte del plan de Dios, así que deja de preocuparte». Me vi tarareando la antigua canción de Tori Amos en la que rechaza el plan de Jesús y en cambio abraza a Judas. El enfoque budista del duelo puede resumirse en: «Las cosas malas ocurren. Las cosas malas duelen. Las cosas malas no pueden evitarse». Tal vez no estaba preparada para oír eso, así que también lo rechacé.

Anhelaba *algo* espiritual que pudiera ayudarme a procesar mi pérdida, tal vez algo parecido a la práctica judía de Shiva, un espacio donde sentarme y estar únicamente yo con mi pena, pero arraigado a mi propia espiritualidad. Me di cuenta de que lo que anhelaba era una práctica comunitaria sobre el duelo. Mis amigos de la comunidad de brujos me enviaban palabras amables, pero también me decían, inconscientemente, muchas de las cosas que aparecían en los libros cristianos: «Los dioses tienen un plan», «No era el destino», «Tu hijo siempre estará contigo».

Mi fe en la brujería se derrumbó todavía más.

Por primera vez desde que había abrazado la brujería, mi espiritualidad no me ofrecía un rumbo que seguir.

Del camino espiritual a acabar sin rumbo

Muchos brujos se describen a sí mismos como movidos por su espiritualidad, algo que puede significar confiar en que su camino espiritual los conduzca en la mejor dirección; es decir, las oportunidades proporcionadas gracias a la sincronicidad, la intuición o el hecho de seguir señales o augurios. Esto puede incluir el creer que las cosas nos pasan por nuestro bien. Esa línea de pensamiento también podría incluir que nos pasan cosas dolorosas para hacer espacio a algo mejor. Pero cuando muere un ser querido, una pareja se va, una comunidad se viene abajo o nos rechaza, o sucede cualquier otra cosa, esa creencia puede parecer cruel. ¿Cómo puede una pérdida tan dolorosa formar parte de algo superior?

Las personas que siguen todo tipo de tradiciones a menudo buscan consuelo en su espiritualidad durante periodos de pérdida, pero también es común, incluso para practicantes devotos o espirituales de una fe o tradición concretas, no conectar con dichas creencias cuando experimentamos una pérdida profunda. La sensación es como si hubiésemos estado bailando bajo las luces suaves e hipnóticas de una discoteca toda nuestra vida y, de repente, otras luces más fuertes y estériles se encendieran sin previo aviso, dejándonos a plena vista, desnudos, estériles y feos.

Además de la impresión, el horror, la ira y la pena que sientes al principio, cuando ocurre la pérdida, también puedes sentirte confundido, desilusionado, enfadado o todo lo anterior junto. Incluso puede que te preguntes si has fracasado como brujo o si lo fuiste siquiera. Si tan poderoso eras realmente, ¿no podrías haberlo evitado? ¿Les importamos a los dioses o espíritus? ¿La pérdida ha sido fruto de una maldición? ¿Es alguna especie de venganza energética? ¿Es la brujería real siquiera?

Como brujo pasando por un duelo, estas son solo unas de las pocas cosas que podrías estar preguntándote. Tal vez incluso te sientas traicionado por tu camino. Estos pensamientos y sentimientos son reacciones normales a la pena, y no estás solo. También es natural preguntarse por qué ha sucedido esa pérdida y resolver ese «por qué» podría resultar tentador. Tal vez intentes sanar tu herida lo más rápido posible a través de hechizos, rituales y meditación. Sin embargo, los primeros días tras una pérdida son un momento de emergencia espiritual. Habrá cosas urgentes que precisarán de tu atención: logísticas, emocionales, ambas, o más. Tus preguntas esperarán, y tal vez te las seguirás haciendo durante años. El objetivo inmediatamente posterior a una pérdida es simplemente seguir viviendo y superar esos momentos.

Una oración para ti el día de tu pérdida

Ya sea en una habitación de hospital, solo/a al teléfono,
o cuando alguien te da la espalda y se va, no estás solo/a.
Caigan tus lágrimas hoy, dentro de un mes, de un año o más adelante, no estás solo/a.
Que la lluvia arrastre tus lágrimas cuando aparezcan; que el sol abrace tu corazón.
Que el viento alivie tu mente; que la tierra te abrace fuerte.
Que tus pasos te recuerden que recorres el mismo camino que todo aquel que ha amado y perdido, llorado y caminado.
Ojalá recuerdes que, en tus momentos más vacíos, no estás solo/a.
El mundo está contigo.

Un ritual para el día de tu pérdida (o para cualquier día posterior)

Tal vez te cueste conectar con tu espiritualidad inmediatamente después de tu pérdida. O, de hecho, puede ser todo lo contrario, que sientas ese vínculo más fuerte que nunca y que estés rebosante de poder y de entendimiento. Tal vez te encuentres en algún punto intermedio. El siguiente ritual está diseñado para que lo modifiques según tus necesidades y dependiendo de tus sentimientos actuales con respecto a la magia y al espíritu. Aparte de las medidas contra incendios, esto es solo una guía, no una receta.

Ingredientes para el ritual:

- Papel y bolígrafo
- Una vela (natural o a pilas)
- Una taza de té, chocolate caliente o lo que te resulte reconfortante. ¡No dudes en pedirle a un ser querido que prepare la bebida por ti!

Escribe tu nombre en el papel. Puede resultar tentador escribir el nombre de la persona o cosa que has perdido, pero no lo hagas. Escribe solo tu nombre, ya que este ritual es solo para ti.

Coloca la vela sobre el trozo de papel con tu nombre escrito en él. (Si usas una vela de cera, coloca la vela en un recipiente ignífugo antes de ponerla sobre el papel). Antes de encenderla, pronuncia lo siguiente: «Que esta calidez me abrace estos primeros días».

Enciende la vela, ya sea con un mechero o cerilla o pulsando el interruptor si va a pilas.

Toma la bebida. No te ocupes con ninguna tarea; no te centres en manifestar nada, ni en sanar, ni en dejar marchar, ni en pasar página. No es el momento de «ocuparse» de ninguna tarea. Simplemente deja que la vela y la bebida creen un espacio cómodo y tranquilizador para ti.

Después de tomarte ese tiempo para ti, tal vez desees ofrecer una oración a la persona o cosa que hayas perdido. Es totalmente aceptable que no desees hacerlo ahora y solo quieras centrarte en ti.

Si estás usando una vela de cera, apágala cuando estés preparado para acabar con el ritual. Puedes volver a encenderla cuando necesites regresar a este espacio de confort. A mí personalmente me gusta usar velas a pilas en este tipo de rituales, ya que puedo dejarlas encendidas durante varios días seguidos y mantener ese espacio cómodo y tranquilo durante los días más duros.

Si se puede sacar alguna tarea de este ritual, es que seas exageradamente paciente contigo mismo durante los primeros días después de tu pérdida. Al igual que tendrías cuidado (¡espero!) con tu cuerpo tras una herida física, sé amable con tu corazón y con tu mente durante estos delicados primeros días.

Repito, el objetivo de este ritual no es hacer desaparecer la pena ni transformar el dolor en positivismo, sino simplemente ofrecer un espacio seguro y cómodo para ti en el comienzo de tu viaje. Porque sí, amigo mío, el duelo es un viaje. Así que vamos a prepararte bien.

2

Sobrellevar los primeros días

Los primeros días después de una pérdida son desconcertantes y pueden resultar confusos. Mucha gente llora, ya sea mucho o poco. Algunas personas experimentan gran variedad de sensaciones, pero no lloran. Otras simplemente no sienten nada. A veces se dedican a limpiar compulsivamente o a recoger sus casas, o pasan horas viendo telebasura. Algunos hacen todo lo anterior, mientras que otros pasan página como si no hubiese pasado nada. Esto es solo una pincelada de cómo la gente suele llorar una pérdida.

El luto se abre paso hacia nuestros corazones, y cada pérdida crea su propia ruta a su propio ritmo. A veces el luto es extremadamente eficiente. Cuando perdí mi última relación, mi corazón, expuesto, absorbió el dolor enseguida y me tumbé bocabajo en el suelo del salón de una amiga, llorando de rabia y desesperación. El luto por mi bebé trazó un camino aún más rápido. Ayudado por las hormonas, el dolor, la medicación y el cansancio, atacó mi corazón con una velocidad y fuerza que me recordaron al metro al que solía subirme para ir a trabajar. Pero otros duelos que he vivido me han afectado poco a poco, incluso sorpresivamente. En el instituto perdí a dos amigos en un accidente de coche. Conmocionada y confundida, no lloré al enterarme. Tampoco lloré mucho en sus funerales o en las charlas a las que los profesores, con la mejor de las intenciones, nos obligaron a asistir a mis compañeros y a mí. Pero una semana después de que fallecieran, me entraron unas ganas repentinas de ojear los anuarios. Al no encontrarlos, estallé en llanto.

El duelo es muy raro.

También está lleno de sorpresas. Normalmente esperamos que produzca rabia y tristeza. La gente que llora una pérdida a veces se sorprende de lo mucho que les duele, ya que esperan que haya un tope y solo terminan encontrando más dolor. Otra cosa que sorprende a mucha gente es cómo cambia el mundo tras una pérdida. Parte del proceso del duelo incluye aprender a seguir adelante tras dicha pérdida.

Explorar este nuevo mundo

Después de tu pérdida, quizá te sorprenda o te perturbe que el mundo parezca el mismo de antes. Los platos sucios siguen sin fregar, los pantalones del día anterior siguen en el suelo. Los pájaros continúan cantando, el vecino recibe el correo y los camiones recogen la basura. Se estrenan series y películas y la gente habla de ellas en las redes sociales. Hablan de cosas que no tienen nada que ver con tu pérdida.

Y, sin embargo, el mundo ha cambiado. Es tu vida y, a la vez, no.

Es como si te hubieras transportado sin querer a un estudio de grabación basado en tu vida, con una copia exacta de tu casa, de tu lugar de trabajo, de tu barrio, etc. Para los demás todo sigue igual. Incluso tus propios ojos perciben que el mundo parece el mismo. Pero tú sabes que no lo es. Tal vez seas como yo y quieras gritarle a todo el que pase: «¡Oye, capullos! ¿No os habéis dado cuenta de que el mundo ha cambiado? ¿Es que no veis que nada es igual?».

Pero lo cierto es que el mundo sigue igual, somos nosotros, los dolientes, los que hemos cambiado. En el proceso debemos aprender a explorar ese mundo idéntico y a la vez extraño.

Durante los días posteriores a la pérdida de nuestro bebé, un montón de gente me escribió para darme el pésame. Lo agradecí, pero apenas contesté a nadie. No sabía cómo hacerlo. Mi familia y compañeros de trabajo me mandaron flores y comida, pero la comida no me sabía a nada y yo, que normalmente soy una fanática de las flores, no recordaba cómo cuidar de ellas. Echaba un vistazo a los libros que me encantaban y de pronto era incapaz de recordar lo que me había gustado de ellos. Intenté ponerme mi ropa favorita, pero no sabía por qué lo era. Me costaba incluso freír un huevo. Todo me parecía vacío y me hacía sentir como un cascarón. Pero lo que más parecía un cascarón era mi altar, que empezó a acumular polvo.

A veces, cuando pasaba por delante de él, sentía la misma sensación que cuando encontraba juguetes antiguos en el ático de mis padres. Cuando miraba lo que contenía el altar, recordaba las muñecas, las Barbies y los osos de peluche llenos de espíritu. Al igual que muchos otros niños, creía firmemente que mis juguetes estaban vivos. Cuando los sujetaba de mayor ya no pensaba así, pero seguían evocando cierta dulzura y nostalgia. Me seguían encantando, aunque ya no creyera que podían verme u oírme. Por otra parte, mi altar, con esa colección selecta de objetos que antiguamente habían sido intocables, de repente se me antojó tan vacío como esos juguetes antiguos. Solo que, en lugar de evocar la misma nostalgia, sentí un hueco donde bien podrían haber encajado la rabia y la traición de haber albergado esos sentimientos. Cuesta sentir enfado o traición por algo en lo que ya no crees. Había tardado años en dejar de creer que mis juguetes estaban vivos, pero para dejar de creer en la brujería había bastado una nefasta noche.

No era la primera vez que una pérdida me obligaba a volver a explorar mi mundo, pero sí la primera en la que no tenía la brujería como guía. Una mañana, durante mi último año de instituto, llevaron a mi clase a la sala de coro. Vi a un puñado de profesores serios y a un cura, que nos informó de que dos de nuestros compañeros, Vanessa y Robert, habían fallecido en un accidente de coche de camino al instituto. Aquella pérdida me hizo recurrir al tarot, a las bolas de cristal y a hojear todos los libros que había sobre espiritismo en nuestra librería local, New Age. Quería establecer contacto con mis difuntos compañeros, pero, sobre todo, quería saber qué les había pasado. Quería pruebas de que ese cielo que mi educación católica prometía existía. Si no estaban allí, ¿dónde estaban? Eran demasiado buenos como para haber ido al infierno, aunque tampoco es que creyese demasiado en que existiera. Si el cielo era un mito, entonces, ¿qué otra cosa había? Quería encontrarle la lógica a su muerte mientras exploraba un mundo duro, frío y nuevo en el que la muerte era real y no algo abstracto de lo que nuestros padres preocupados nos advertían. La brujería me ayudó con el duelo después de esa pérdida.

Años después, cuando mi última relación fracasó y tuve que abrirme paso por un mundo en el que la fuente de mi dolor era alguien a quien había amado tanto, mi aquelarre de aquel entonces se alarmó y entró en un estado de confusión. Querían ayudarme, pero a la vez necesitaban una explicación. Habían visto la magia que había invocado para salvar esa relación. A pesar de la magia, si a mí, su líder, le rompían el corazón de esa manera tan dura, ¿qué decía eso de su propia magia? ¿La magia me había fallado o quizá yo le había fallado a la magia? Un miembro de mi aquelarre me preguntó qué creía que la diosa Brigid había intentado enseñarme.

«Creo que me está conduciendo por un camino lleno de guijarros afilados para protegerme de algún acantilado que no puedo ver, pero sigo en la montaña y es imposible verlo; no sé de cuánta altura podría haber caído», contesté.

Lidié con aquel dolor creyendo firmemente que Brigid tenía un plan para mí y que mi magia funcionaría al final y me conduciría al amor que tanto anhelaba. Cuando, más adelante, conocí a mi marido, aquella historia cobró sentido. Mi magia me alejó de una persona con la que no se suponía que debía estar y me condujo hacia mi amor verdadero. Creer en el propósito de esa pérdida me ayudó a lidiar con aquella aflicción inevitable.

No tuve nada en lo que apoyarme cuando perdí a nuestro bebé. Ni siquiera pude enfadarme con la brujería. Ya no creía en ella lo bastante como para sentir enfado. Mi nuevo mundo tras la pérdida trajo consigo una crisis de fe.

La pérdida durante la pérdida

A lo largo de mi educación católica, nuestros profesores de religión hablaban de perder la fe como si fuese un problema con solución. ¿Cuestionábamos nuestra fe alguna vez? De ser así, ¿cuándo? ¿Por qué? ¿Cuánto se tardaba en volver a creer en el dios cristiano? Escribíamos nuestras respuestas en cuadernos que entregábamos para que nos las corrigieran y les pusieran nota. Según nuestras clases, la fe era esencial, y si se perdía, debíamos recuperarla de inmediato. Fracasaríamos si no éramos capaces de resucitarla (perdón por la broma).

A menudo los brujos evitan el término «fe». Quizá les recuerde mucho a las religiones que muchos de nosotros hemos dejado atrás. Solemos usar la palabra «creencia». También «confianza», como cuando decimos «Confía en la magia», «Confía en los dioses» o «Confiemos en nosotros mismos». Pero la fe, la creencia y la confianza son sinónimos con ligeras diferencias. Una de ellas es que la confianza puede perderse, y cuando eso sucede, es difícil o imposible recuperarla. La confianza existe o no existe. La creencia, por otra parte, es maleable. Cambia en función de las experiencias o el contexto. A veces la creencia puede ser lo suficientemente fuerte como para hacernos sentir que estamos en llamas, y otras nos preguntamos si alguna vez hemos creído en algo siquiera. A su vez, la fe puede describirse como la decisión de creer o confiar en algo cuando hay bastantes razones para no hacerlo, o dicha confianza no está justificada. Lo que tienen en común la confianza, la creencia y la fe es que se basan en una decisión consciente. Ninguna sucede porque sí. Ninguna asegura una recompensa. Elegimos confiar, creer o tener fe.

Cuando estamos de luto, a veces cuestionamos lo que creíamos que era real. Incluso podemos atribuir las experiencias espirituales más extraordinarias que hemos tenido a alucinaciones o a nuestra imaginación. Las principales religiones hablan abiertamente de las crisis de fe. Por otra parte, aunque los brujos no somos inmunes a las dudas en cuanto a nuestras creencias, apenas hablamos de esas épocas de duda. Hay pocas cosas que alteren más la fe, la creencia y la confianza en tu propia espiritualidad que el duelo.

Durante los primeros días que vivimos en ese nuevo mundo tras una pérdida, a veces cuesta apoyarse en creencias espirituales. Sin embargo, a menudo se nos anima a que «confiemos», «creamos» o «tengamos fe» en la magia, los espíritus, los dioses o la «voluntad del universo». Por desgracia, este consejo bienintencionado es como decirle a alguien que acaba de perder las piernas que se levante y camine. Puede que un brujo de luto sienta tanto la pérdida de su ser querido como la de la espiritualidad que antes le había estado apoyando. Tal vez crea incluso que está fracasando como brujo.

Por el contrario, el duelo puede generar una creencia poderosa. Algunos brujos han manifestado conseguir una conexión más profunda con sus espíritus, dioses, magia y demás estando de luto. Puede llegar a ser tan fuerte que hasta se pregunten si están perdiendo el contacto con la realidad. Estas sensaciones también pueden ser una reacción natural causada por una pérdida. Con el tiempo es probable que esas sensaciones poderosas se asienten y dejen al brujo preguntándose si ha ahuyentado esa magia tan poderosa. Si te ha pasado algo así, ten presente que ni has ahuyentado nada ni has hecho nada malo. Una sensación aguzada del mundo espiritual tras una pérdida es otra reacción natural al luto, y a menudo es temporal.

Ya sea un incremento disparado o una ausencia notable, la confianza, la creencia y la fe son prácticas, no productos finales. A veces nuestra fe nos consumirá y otras, no creeremos en nada. En algún momento del viaje nuestra fe y creencias serán tan potentes que nos preguntaremos cómo es que no hemos creído antes en ello. La fe es fluida. Las creencias fluyen y decaen. La confianza es una decisión, no una garantía. Es normal que tras una pérdida se produzca un cambio de fe, confianza y creencias.

Recuerda, que te cueste creer en la magia tras tu pérdida no significa que estés fracasando ni como persona ni como brujo. Simplemente estás experimentando la realidad humana de perder la fe durante tu luto. Por otra parte, si sientes que tu magia se ha vuelto tan poderosa y tus creencias tan fuertes que te cuesta reconocerte, no hace falta que transformes esas creencias en una práctica nueva. Ten paciencia contigo mismo. Acepta las creencias posteriores a tu pérdida, sean cuales sean, por lo que son. Estás de luto. No necesitas completar más tareas, por mucho que se trate de revivir antiguas creencias o moderar las nuevas. Las creencias nuevas y exaltadas se apaciguarán, y es probable que la fe y tus creencias regresen a ti.

Sobrellevar la falta de control

La brujería está arraigada a la creencia de que es posible ejercer control sobre nuestra existencia. Si un hechizo no funciona como se había planeado, los brujos meditan a menudo sobre qué estaba mal en su fórmula e investigan qué más se puede hacer mágicamente hablando para asegurar que en un futuro salga bien. Si los brujos pasan por una racha de mala suerte (una mascota enferma, la subida de alquiler, falta de comunicación en la pareja, una pelea en el trabajo o un despido), una de las primeras cosas que puede que hagan es limpiarse ellos mismos o su espacio seguro para erradicar la negatividad, o realizar sesiones de adivinación para averiguar si hay una maldición. Se supone que estos rituales sirven para recuperar el poder independientemente de las circunstancias.

Pero lo que la pérdida nos enseña es que el control total es un espejismo. Si alguien fallece o deja de querernos o se nos quema la casa, no habrá velas, hechizos o encantamientos que resuciten a la persona, restablezcan el amor por completo o reconstruyan la casa. Ahora bien, muchos brujos razonan que algo de magia atraería un nuevo amor o invitaría al difunto a reencarnarse en una nueva forma cerca de la persona que lo ha perdido, o traería consigo una casa nueva, y para muchos esto puede resultar cierto. Sin embargo, una persona que ha empezado su proceso de duelo recientemente no quiere una pareja nueva, una casa nueva o que el difunto «vuelva» en una forma distinta. Quiere lo que ha perdido en su forma original, pero no hay magia capaz de conseguir eso. Es una dura realidad con la que muchos brujos se topan después de una pérdida. No tenemos el control que creíamos. Es un descubrimiento aleccionador y horroroso.

La buena noticia es que la falta de control no es una mala noticia.

Aceptar que hay cierta carencia mitiga el dolor durante el proceso del duelo. Cuando no estamos ocupados tratando de controlar las cosas, reducimos las responsabilidades que nos imponemos. Metafóricamente hablando, dejamos de asignarnos la imposible tarea de derribar un muro de ladrillo con las manos y, en su lugar, nos damos la oportunidad de sentarnos y apoyarnos contra él. Ceder el control ante nuestras circunstancias nos da más espacio para asentarnos en el mundo nuevo creado por la pérdida y permite que el luto sea tal cual es, bruto y descontrolado.

Esta es una de las cosas que deseo para ti, querida persona que estás pasando por un duelo: acepta el descontrol. Deja que el dolor sea tal cual es. Es bastante probable que no recuperes lo que has perdido, así que deja de intentar controlar lo incontrolable en este doloroso momento de tu vida.

¿Cómo exploramos el mundo después de una pérdida?

Una de las primeras cosas que me regalé tras mi pérdida fue reconocer que, aunque el mundo permaneció igual, yo había cambiado. Los días se alargaban. Pasaba más tiempo sola. Las noches eran eternas. No respondí correos, olvidé citas, dejé platos sin fregar y la colada sin doblar. No porque no quisiera hacerlo, sino porque no era capaz de concentrarme en ello. Cuando me sentaba ante el ordenador con la bandeja de entrada abierta para contestar un mensaje, a menudo olvidaba a quién estaba escribiendo y por qué. O me sentaba frente a la colada y me la quedaba mirando, como si doblar camisas y calcetines fuese de lo más agotador. Y me regañaba a mí misma por no poder hacer tareas tan simples. Fueron regaños injustos.

Si eso te resulta familiar, sé más amable contigo mismo. Recuerda que básicamente estás aprendiendo a vivir en un mundo nuevo. La rutina que tenías antes y en la que no te parabas a pensar (como cocinar, hacer las tareas domésticas, ducharte o cuidar de tus mascotas) ahora precisa del mismo tiempo y esfuerzo que necesitarías si lo estuvieras haciendo por primera vez. A veces incluso te costará respirar. Es normal. Estás en un mundo nuevo. Se parece al antiguo, pero necesitas tiempo para aprender a vivir en él.

Por desgracia, el mundo no se ralentiza para la gente que está de luto. Algunos tenemos la suerte de poder pausar nuestras obligaciones mientras nos recobramos. Tal vez seamos capaces de ausentarnos del trabajo y que nos ayuden a cuidar de nuestros hijos, mascotas o mayores, pero no siempre es posible para todo el mundo y hay muchas obligaciones que no pueden postergarse. Quizá puedas posponer un correo, pero la gente dependiente y las mascotas necesitan cuidados y las facturas deben pagarse. Además, no siempre se recibe el mismo apoyo con respecto al duelo. Pocas empresas permiten a sus empleados permisos retribuidos tras el fallecimiento de una mascota, cuando una relación de amistad finaliza o se produce una ruptura, por mucho que el dolor sea real y a menudo requiera de tanto tiempo de duelo como la defunción de un familiar. No me gusta pensar en la gente con la que me cruzo por la calle todos los días y que se ve obligada a cumplir sus obligaciones a la vez que soporta el inmenso dolor que produce una pérdida. Tengas la libertad que tengas, ya sea un periodo laboral sabático o simplemente un instante para ti en el baño, úsalo y respira.

Habrá momentos en los que parezca que el dolor te controlará para siempre, pero pasarán. Algunos te parecerán más largos que otros, y también pasarán. No todos los momentos de luto harán que llores. También se manifiesta a través de la rabia, el cansancio, la confusión e incluso la risa. Cuando un querido miembro de mi comunidad de brujos falleció y volví a casa en avión para asistir a su funeral, reí cuando le mandé un mensaje a mis amigas diciendo que era la que «estaba borracha y llorando en el aeropuerto», porque había intentado consolarme con demasiado vino. Todas nos reímos del familiar estereotipo que estaba personificando yo ese día. La risa colectiva fue un bálsamo en mitad de una pérdida tan horrible.

Recuerda, te has hecho el mismo daño que te habrías hecho en un accidente físico. No vas a ir con la misma velocidad de siempre, ni literal ni figuradamente.

Puedes moverte tan despacio como te lo permita tu vida.

Puedes parar cuando sea posible.

Puedes llorar.

Puedes responder de formas que quizá resulten raras a los demás, ya sea riendo más de lo normal o incluso no sintiendo nada.

Evita aislarte demasiado. Aunque seas una persona que prefiera llevar las cosas en privado, informa a alguien en quien confíes de lo que pasa; aunque necesites espacio, comunícale tu situación. Los seres humanos no somos solitarios. Somos animales que vamos en manada, y aunque como personas ansiemos un poco de espacio, los demás deberían estar al tanto de lo que estamos pasando.

Si sabes lo que necesitas, dilo. No pasa nada si no es el caso. Cuando perdimos a nuestro bebé y la gente me preguntaba qué necesitaba, a menudo respondía: «No lo sé». Lo cierto es que lo único que quería era que nuestro bebé siguiera vivo. Quería borrar la pérdida y que no hubiese pasado nunca, y quería una explicación de por qué había sucedido. Lo que quería era imposible. Al final pensé en algo que necesitaba: dejar de repetir la historia una y otra vez. Les pedí a mis amigos que explicasen lo sucedido a los demás para evitar preguntas sobre el embarazo o recibir regalos para el bebé. También me di cuenta de lo que *no* quería. No quería que me consolaran; prefería tener espacio para llorar. No quería oír sucesos milagrosos de gente que había tenido hijos tras un aborto, porque yo solo quería al bebé que había perdido. A veces necesitaba que mi marido se sentase a mi lado para poder llorar en su regazo. Aprendí a pedírselo así específicamente, al igual que aprendí a decirle que a veces no necesitaba llorar en su regazo, sino que prefería llorar sola, lo cual le daba espacio a él para ocuparse de sus propias necesidades.

Tus primeros hechizos o rituales tras una pérdida

Aunque a mucha gente pueda costarle conectar con su lado espiritual tras una pérdida, otros se refugian en las prácticas de brujería para sobrellevar el proceso. A pesar de que yo no viví esa experiencia cuando perdí a mi bebé, durante otros duelos mi altar fue un lugar maravilloso en el que sentarme, llorar o gritar de rabia. Si tienes ganas de practicar brujería mientras estás de luto, permítete hacerlo de forma sencilla. O si eres una persona a la que le gusta crear y llevar a cabo rituales complicados y eso te consuela, ¡adelante! Prepara esos rituales de la forma que necesites. Pero recuerda, no *tienes que* celebrar rituales complicados. Si solo tienes energía para sentarte en tu altar y encender una vela, hazlo. Si ni siquiera tienes fuerzas para eso y solo quieres llorar o gritar de rabia a tus espíritus, tus dioses o aquello en lo que creas, me parece genial. Una práctica de brujería preciosa y simple para el luto incluye colocar una efigie de lo que has perdido en el altar para que sirva como eje mientras lloras su pérdida. Puede ser una foto del difunto o un objeto que le haya pertenecido. Si lloras por una relación, una comunidad o un lugar, puede tratarse de un objeto que tu expareja te haya regalado, un símbolo de la comunidad o un mapa del sitio al que ya no perteneces.

Si buscas qué decir, aquí hay un ensalmo que puedes probar:

Sal de mis lágrimas, fluye con libertad.
Espíritus conocidos, a mi lado os pido estar.
Me siento débil y herido/a.
Abrazadme ahora estando dolido/a.

Ahora cuéntale a tu altar lo que ha pasado y lo que necesitas.

Quizá sentarte ahí no te haga sentir bien. No es necesario, puedes evitarlo durante esta parte del proceso del duelo. Quizá ni siquiera tengas un altar para tu magia. Tal vez solo quieras hacer algo distinto. Sea lo que sea, eres libre de trabajar en otro espacio si eso te hace sentir mejor. Cuando perdimos a nuestro bebé, mi altar era el último sitio en el que quería estar; sin embargo, el baño me parecía una zona mágica y tranquilizadora. Si tienes una bañera, sopesa darte un baño, sentarte en el agua y dejar que las lágrimas caigan por tus mejillas. A mí me resultó útil tener una lista de reproducción que normalmente me hace llorar. Cada vez que llevaba a cabo este ritual, escuchaba la música hasta que se me caían las lágrimas. Pasaba con canciones distintas y en partes del día diferentes. A veces ni siquiera lloraba, pero escucharlas me ayudaba a relajarme, lo cual me daba más energía para pasar el resto del día. Si la idea te gusta pero no tienes bañera, usa la ducha. Puedes apagar las luces y ducharte a oscuras, usando un gel distinto o duchándote a una hora distinta a la normal (por ejemplo, si te sueles duchar por la mañana, prueba a hacerlo por la noche). Hacer algo diferente en tu rutina invitará a tu mente a abrirse y liberar ese dolor.

Liberar el dolor no es intentar deshacerse de él. El luto es una reacción natural, no un problema que resolver. Es incómodo y a veces queremos no pasar por él, pero desear que desaparezca no va a hacer que se desvanezca. El dolor debe fluir. Darnos espacio para que el dolor fluya puede ayudar con un proceso tan atroz.

Aunque sería maravilloso dedicar horas o días a nuestro luto, este ejercicio no precisa de grandes cantidades de tiempo. Pasar unos diez minutos en un espacio cómodo puede resultar muy beneficioso mientras exploras tu nueva vida tras la pérdida.

Un ritual para añadir a un nuevo antepasado al altar

Muchas brujas erigen altares dedicados a sus antepasados, ya sean consanguíneos o no. Estos espacios están dedicados a honrar y conmemorar a la gente o mascotas que ya no están vivos. Algunos antepasados pueden ser personas que el brujo haya conocido en vida o a través de historias o imágenes. Los antepasados pueden estar relacionados con el brujo por sangre, matrimonio u otro tipo de asociación. Los antepasados pueden ser gente que el brujo no haya conocido nunca pero que haya inspirado su labor creativa o su vida, como artistas, creadores de movimientos, mentes brillantes en su campo o gente a la que simplemente admiran. Muy a menudo los antepasados son amigos difuntos del brujo.

El proceso de añadir a alguien a un altar de antepasados puede resultar doloroso, sobre todo si la persona era joven, la muerte fue repentina o inesperada, o no hubo ocasión de despedirse apropiadamente. Durante el punto álgido de la pandemia, mucha gente fue incapaz de asistir a funerales por culpa de las restricciones del COVID-19. A pesar de que esa medida previno más muertes o heridos, negó a muchos la oportunidad de llorar en comunidad. En tales circunstancias, los altares de los antepasados fueron una gran bendición. Sumar a un ser querido a un altar de antepasados es un ritual para despedirlos, y le sirvió a mucha gente como sustituto cuando reunirse con otras personas no fue posible. Muchos brujos consideran sanador colocar a una persona nueva en su altar de antepasados poco después de la pérdida, y otros necesitan más tiempo. Bastantes esperan a Halloween (que algunos también denominan «Samhain» o «Día de los Muertos») para añadir a una persona a su altar de antepasados. No hay un momento perfecto para hacerlo. Depende de lo que necesite tu corazón.

Si quieres dedicar un ritual a tus antepasados para dar la bienvenida a una persona nueva al altar, te sugiero este:

Enciende una vela (muchos brujos usan velas blancas, pero la decisión es tuya). Cerca de la vela, coloca una foto de tu ser querido fallecido o un objeto que haya pertenecido a esa persona o que te recuerde a ella.

Recita un ensalmo a tus antepasados. Si no se te ocurre uno, puedes usar este:

Seres queridos al otro lado del velo,
Que acojáis a [nombre] a vuestro lado anhelo,
Permitid que se deleite en los regalos del mundo infinito.
Que comparta este espacio con vosotros necesito.
Y así dejo descrito.

Permanece con la vela mientras arde. Si es pequeña, como las flotantes, quizá puedes hacerlo hasta que se consuma. Si es más grande, apágala antes de abandonar el altar. (Recuerda: no dejes las velas ardiendo desatendidas). Vuelve con frecuencia y enciéndela de nuevo, sentándote con ella y rezando por el difunto. Cuando la vela por fin se consuma, apágala por última vez y quita los restos del altar.

Es un buen momento para mostrar tu dolor por los antepasados que fallecieron hace tiempo. Cuando pierdo a alguien, a menudo le rezo a mis antepasados para que ayuden y consuelen a la persona que he perdido mientras pasa por la transición a lo que sea que haya después. También he pedido a mis antepasados que me guíen y me consuelen a mí; puesto que vivieron vidas humanas, comprenden la pérdida. Permite que te consuelen y te muestren la manera de explorar el mundo nuevo posterior a la pérdida.

Estas oraciones se expresan mejor con tus propias palabras, pero si te cuesta encontrarlas, aquí te dejo una que puedes usar:

Seres queridos a los que ver no puedo ya,
¿Me veis a mí vosotros desde el más allá?
Contened mis miedos, dolor y lágrimas,
Y acompañadme cuando llore el día de mañana.
Que los días que paso llorando de dolor,
No dejen que mi pérdida carezca de valor.

Intenta depositar a menudo ofrendas a tus antepasados en su honor, como un vaso de café, té o zumo, flores u otras cosas bonitas. Cambia las ofrendas de alimentos todos los días. Normalmente yo pongo una taza de café en el altar de mis antepasados una vez a la semana, pero cuando estoy de luto lo hago más a menudo. Eso me ayuda a mantener la rutina de conectar con ellos más frecuentemente.

Nota: no se considera correcto colocar fotos de personas vivas en el altar de antepasados. Si otra persona viva o tú estáis en una imagen con la persona difunta, corta a la persona o personas vivas antes de colocar la foto en el altar. Si lloras la pérdida de una relación con una persona viva, ya sea una amistad o una relación amorosa, no coloques una foto de esa persona en el altar de los antepasados. Pero si te gustaría conmemorar el final de una relación o simplemente quieres pedir consuelo a tus antepasados, baraja la idea de escribirles una carta detallando lo sucedido. Podrás colocar esa carta en el altar o quemarla. (Asegúrate de colocar la carta en un envase ignífugo antes de quemarla y no dejes que arda sin supervisión). Si la quemas, pídele al humo que entregue tu mensaje a tus antepasados. Si quieres, puedes dejar las cenizas de la carta en el altar. Si te resulta muy complicado, simplemente cuéntales lo que ha pasado en voz alta.

Mantente atento a la ayuda que te manden tus antepasados, porque la mandarán.

Un ejercicio para lidiar con el dolor

El dolor es indómito. A veces dice crudas verdades. A menudo miente. Una de las grandes mentiras que nos cuenta es que estamos solos en él. Creemos que somos los únicos que hemos pasado por algo así. A pesar de que no hay dos pérdidas iguales, no es algo único en la experiencia humana. Quizá la pérdida es lo que más nos une a todos, más aún que el enamoramiento. Es un buen momento para hablar con tus seres queridos sobre tu pérdida y preguntarles cómo han sobrellevado su dolor, pero si no estás de ánimo para escuchar historias de los demás, te sugiero un ejercicio para sobrellevar el dolor sin contribuciones ajenas.

Encuentra un lugar al aire libre. Toma medidas de seguridad: no acudas a solas a parques públicos o zonas silvestres o aisladas de noche. No influye en la práctica que te acompañe un amigo mientras lo preparas. Si lo haces por la noche, mira a la luna. Incluso aunque esté oculta por las nubes, ten presente que está ahí. Si es por la mañana, siéntate al sol. Aunque esté tapado por las nubes, sigue ahí. No lo mires directamente (incluso aunque lleves gafas), ya que podría hacerte daño en los ojos. Simplemente siéntelo en la piel.

Medita esto: desde los albores de la humanidad, la gente ha sentido pérdidas. En este planeta han vivido más de cien mil millones de personas. Cada uno ha existido bajo el mismo sol y luna que ahora se mueven sobre ti. Cada uno ha perdido a alguien. Algunas pérdidas pueden no parecer tan profundas como la tuya, y algunas pueden parecer mucho mayores. No importa. Da igual la escala o el tamaño de la pérdida. En vez de separarte de los demás, tu pérdida te ha unido a ellos. Es una experiencia valiosa que compartes con todos los humanos que han vivido: nacer, respirar, el sol y la luna, y ahora la pérdida. Tu experiencia es una de las cosas que te hace humano.

Identifícalo. Reconócelo. Reconoce la presencia y realidad de la pérdida por los cien mil millones de personas que te precedieron y todos los que vendrán.

Una bendición para ti durante los primeros días de tu dolor

Que estos días te traten con cuidado,
Y tus heridas estén atendidas por una suave mano.
Que las lágrimas resbalen con libertad,
Sin juicios
Y sin limitar.
Que caigan limpiamente y te permitan respirar.
Recuerda que eres uno de muchos,
Como una gota en océanos profundos.
Ni anónima ni invisible para el mundo,
Sino una que comparte aire y latidos
Con el resto de los vivos.
Pagas el coste de tu presencia en este planeta.
A través de aquello que nos deja.
Espero que llores y eso te ayude a sanar,
Y que un lugar mullido donde tumbarte puedas hallar.

Brujería y pérdida en la oscuridad de la noche

Para mí, la brujería es un oficio y un arte. Es lo que los brujos hacen, no en lo que creen. La brujería trata de trabajar y a veces trata del dolor, de sentirte roto por dentro. Cuando vivimos la pérdida de un ser querido, podemos tener esas esquirlas de conexión con la persona que se ha ido y que permanecen en el aire. No las esquivamos, sino que las vivimos, y con el tiempo transmutamos ese dolor en algo positivo. Cuando alguien a quien quiero fallece, no quiero que *no* me duela. Para mí ser una bruja y trabajar con el dolor significa asumirlo, identificarlo y declararlo. Cuando una gran amiga mía falleció, la velé toda la noche. Estuve en su casa escuchándola agonizar. Durante los días posteriores, algunas personas quisieron hablar de ello, dar un repaso a mi experiencia de haber estado ahí cuando falleció. Creo que para ellos había algo de romance en ello, pero yo no lo consideré así. No fue «sentarme a conversar con mi amiga sobre la unión con la diosa mientras pasaba de este mundo al siguiente». Fue sentarme con una anciana muy mayor y enferma mientras se moría. Pero de eso trata la brujería; no va de nudos, de pentagramas, de liturgias floreadas, de quién tiene la daga ritual más bonita ni de que «mi ascendencia vale más que la tuya porque estoy a menos saltos de un anciano blanco». La brujería trata sobre lo que haces en la oscuridad de la noche cuando tu corazón se desangra porque esa conexión con tu ser querido se ha roto. No es que se haya cortado, sino que se ha roto. Se trata de aprender a envolver todas esas partes rotas hasta que han sanado, y buscar una forma de seguir adelante y de conservar una relación con esa persona: con su recuerdo, con su espíritu.

~Tamsin Davis-Langley (Misha Magdelene)

3

La espiral del duelo

Unas semanas después de nuestra pérdida, tomé el dinero que había apartado para la cuna y me marché a un retiro de escritura en Whidbey Island, Washington, para hallar consuelo entre los árboles. Por una extraña coincidencia, muchos de los otros asistentes a aquel retiro habían abandonado recientemente una iglesia que pertenecía a una tradición particularmente cáustica del cristianismo evangélico. Al enterarme, mantuve en secreto mi brujería. No me daba miedo que me juzgaran, sino que me preocupaba que pudieran buscarme en favor de guía y ayuda. Mi experiencia como sacerdotisa me ha enseñado que la gente que abandona su religión de origen a menudo siente curiosidad por la brujería, pero en ese momento yo no me hallaba en posición de ayudar ni guiar a nadie. Sin embargo, no podía seguir con mi trabajo de escritura con sinceridad sin hacer alusión a mis experiencias como bruja. Durante una pequeña reunión de grupo, los ojos de una mujer se iluminaron cuando se enteró de que yo era bruja. Era una de las antiguas evangélicas, y reconocí en su rostro ilusionado y esperanzado el anhelo por conectar y hallar un nuevo camino; uno de divinidades femeninas y omnigenéricas sin las reglas, el juicio y las contradicciones que la habían herido. También me vi a mí misma reflejada en ella, ya que recordaba cuando yo, al igual que ella, había ansiado hallar un nuevo camino.

Pero yo no podía ayudarla.

«No recurras a mí», respondí cuando intentó hablar conmigo sobre brujería. «Las brujas también nos perdemos».

Poco antes me habría lanzado de cabeza a guiar a esa alma hambrienta y perdida. Pero en ese momento solo podía ayudarme a mí misma, y tampoco es que lo estuviera haciendo muy bien.

Sentía pena por mí misma y por aquella alma perdida. Sentía rabia porque las circunstancias me hubieran llevado a una posición en la que los demás podrían necesitar recurrir a mí cuando yo no tenía nada que ofrecerles. Sentía vergüenza por no ser la guía que deseaba ser. Y de nuevo, pena, rabia y, después, vergüenza otra vez.

Una espiral interminable.

El duelo: una espiral natural

El duelo es algo natural en los mamíferos. Cuando tienen hambre, necesitan comer. Cuando están cansados, necesitan descansar. Cuando pierden, deben llorar. En 2018, el mundo observó horrorizado cómo la orca Tahlequah arrastraba a su cría muerta durante semanas tras su muerte. Las otras orcas en la manada de Tahlequah incluso se turnaban para llevarla para dejar que la dolida madre descansara.[2] Los elefantes también tienen sus propios rituales de duelo: se agrupan y

2. Mapes, L. (2019). *"I Am Sobbing": Mother Orca Still Carrying Her Dead Calf—16 Days Later*. The Seattle Times. https://www.seattletimes.com/seattle-news/environment/i-am-sobbing-mother-orca-still-carrying-her-dead-calf-16-days-later/

colocan ramas y hierba sobre sus muertos, a la vez que profesan su dolor de varias formas. Cuando la perra de nuestra familia murió, nuestro cachorro lloró por ella; de repente ya no le interesaba jugar y se iba a la cama pronto. Durante bastante tiempo, tuve dos gatas que nunca se llevaron bien. Cuando una de ellas murió, la otra no dejaba de buscarla y de dormir más de lo habitual. Cuando estaba despierta, buscaba cariño constantemente y lloraba cuando la quitaba de mi regazo. El luto forma parte de los mamíferos, y para muchas especies, también los ritos en los que se procesa y se exterioriza el dolor.

Aun así, por alguna razón, hace mucho tiempo que los *Homo sapiens* de Occidente nos hemos alejado de los rituales de duelo, y tal vez incluso del duelo en sí. El luto parece confundir a la gente y también nos asusta a muchos de nosotros. Cuando la pérdida le ocurre a alguien que amamos, a menudo tratamos de ayudarlos a «pasar página». Enseguida etiquetamos, categorizamos, desmenuzamos e intelectualizamos el dolor de los demás. En los últimos años, nos han bombardeado con memes y contenido en redes sociales que nos animan a «no llorar porque se haya terminado, sino a sonreír porque ha ocurrido», o cosas similares. Pero sin el espacio adecuado para llorar, el dolor no desaparece. Se transforma y se arraiga en otras partes más profundas de nosotros, a menudo materializándose en ira, depresión, adicción al trabajo, otras adicciones, autosabotaje en relaciones y más.

Cuando mis amigos Vanessa y Robert murieron, nuestro colegio católico celebró una misa muy sentida, trajo a sacerdotes, y nos dieron una tarde libre para que fuéramos a hablar de nuestra pérdida con los orientadores. Pero nada de eso nos preparó para ver al padre de Robert caer de rodillas y llorar a pleno pulmón sobre el féretro de su hijo en el cementerio. Fue una clase de dolor que la mayoría de nosotros, adolescentes y adultos, jamás habíamos visto, y nadie sabía cómo gestionar la situación. No se habló más de aquello, salvo por lo que los compañeros de clase cuchicheábamos en los pasillos.

Durante las semanas posteriores, los profesores y directivos oraron con nosotros y nos prometieron que Dios se había llevado a nuestros amigos a un lugar mejor... Pero entonces, sin previo aviso, quitaron el monumento conmemorativo que habíamos construido en las taquillas de nuestros amigos fallecidos. A pesar de que el director dijo que era porque «teníamos que pasar página», todos sabíamos perfectamente que pronto se celebraría un evento de puertas abiertas y ver un monumento así daría mala imagen a los «posibles nuevos alumnos». Tanto los profesores como los padres se enfadaron al enterarse de que la mayor parte de la clase se había escabullido al bosque una noche para hablar sobre nuestros amigos a escondidas. Nos regañaron diciendo que no era momento para socializar. La muerte de nuestros compañeros no era «una excusa para salir de fiesta». En torno a una semana después, los adultos en nuestra vida nos dijeron que «pasáramos página y nos centráramos en nuestros estudios». Meses después, nuestros profesores nos ofrecieron una sesión obligatoria de cincuenta minutos a toda la clase, con música relajante y una imagen proyectada que decía: «¿Cómo te impactó la muerte de Vanessa y Robert?». Pareció confundirles ver que pocos quisiéramos hablar. Querían estructurar nuestro dolor. Y nosotros necesitábamos espacio y comunión.

Ahora echo la vista atrás y veo que esos adultos asustados y con buenas intenciones, aunque a fin de cuentas inefectivas, estaban tratando de darnos una plataforma en la que llorar, aunque fuera una que pudieran controlar con comodidad. Lo intentaron y fracasaron. Aun así, su fracaso no fue culpa de su forma de ser, sino de una cultura que quiere racionalizar y controlar un proceso impredecible e incontrolable. Lo separamos en fases: negación, ira, negociación, depresión y aceptación. A menudo la gente quiere que sus seres queridos pasen por esas fases y que marquen esas casillas hasta por fin haber conseguido «superar» el duelo.

Esas fases no son reales. El duelo no se supera sin más. Si pudiéramos darle alguna forma, sería la de una espiral.

En la espiral del duelo

La negación, la ira, la negociación, la depresión y la aceptación a menudo se describen como las «fases del duelo», una ideología acuñada por Elisabeth Kübler-Ross. Al principio, las fases del duelo de Kübler-Ross pretendían describir lo que muchos experimentan cuando se les diagnostica una enfermedad terminal. Durante años, el público general adoptó este sistema de organización del duelo como guía para todos los tipos de luto. Pero Kübler-Ross, particularmente durante sus últimos años, afirmó que sus ideas se habían malentendido inmensamente. «[Estas fases] nunca fueron pensadas con la idea de clasificar y ordenar toda una amalgama de emociones en paquetes perfectos e idénticos. Las cinco fases —negación, ira, negociación, depresión y aceptación— forman parte de una estructura que define cómo aprendemos a vivir con nuestra pérdida... Pero no son paradas en una especie de cronología del duelo».[3]

3. Boss, P. (2022). *The Myth of Closure: Ambiguous Loss in a Time of Pandemic and Change*, pp. 98–99. W. W. Norton & Company.

Aunque las experiencias reflejadas en estas fases son muy reales en el proceso del duelo, llamarlas «fases» no es correcto. Estas experiencias no suceden en un orden específico. Para empezar, no todas las pérdidas provocan esas respuestas, y muchas otras provocan algunas diferentes. Las respuestas al duelo no son fases, sino más bien puntos en una espiral. A veces pasamos de un punto a otro en rápida sucesión. Otras, sentimos varios a la vez. Pero en ningún caso experimentaremos un punto, lo superaremos y nunca más lo volveremos a sentir. Mientras lloramos nuestra pérdida, volveremos a algunos de esos puntos varias veces, como en un bucle sin fin. Y al igual que las espirales se expanden, podría pasar un gran lapso de tiempo antes de que dejemos de experimentar esos puntos. Y quizá podríamos empezar a pensar que hemos superado el duelo para luego toparnos con algún punto antiguo otra vez... o puede que otro completamente nuevo.

La espiral del duelo es extremadamente personal y única para cada uno. Podríamos vivir algunas de las experiencias clásicas tal y como Kübler-Ross las define, o tan solo unas pocas. Es posible que no lleguemos a experimentar ninguna siquiera. Lo que sí tendremos son respuestas únicas y exclusivas. No obstante, experimentaremos algunos puntos de la espiral solamente una vez, y otros, en repetidas ocasiones. Comunes, únicas, o todo lo anterior, nuestras respuestas probablemente se manifiesten de formas sorprendentes.

Para mí, la «fase de la conmoción» de mi duelo por la muerte de mis amigos se manifestó como algo similar al asombro. Me asombraba la pura simplicidad de la muerte. Un día, Vanessa estaba sentada a mi lado en clase de Historia del Mundo y, al siguiente, su silla estaba vacía. Un día, la gorra negra de Robert colgaba de un perchero en el pasillo y, al siguiente, ya no. Ya está. La pérdida, al parecer, era terroríficamente simple. Lloré un poco en sus funerales. En los años posteriores a su muerte, cierto recuerdo de mis amigos me ponía un poco sentimental, pero generalmente hablaba de ellos manteniendo una distancia tranquila e intelectual. Experimenté la «fase de la desesperación» en el décimo aniversario de su muerte, mientras escuchaba a un amigo tocar una canción con su guitarra en un teatro a las 2 de la madrugada de un lunes. Se suponía que debía estar en el trabajo a las 9 de la mañana, pero no me apetecía volver a casa. De repente, el hecho de que mis amigos no hubiesen vivido lo suficiente como para trasnochar antes de ir a trabajar al día siguiente, me llenó de pena. Me quedé allí sentada en el teatro casi vacío y lloré por ellos más de lo que lo había hecho nunca.

Si hubo una «fase de ira» por esta pérdida, se manifestó en forma de celos cuando ya había cumplido los treinta y pico. La hija adolescente de un compañero de trabajo perdió a una amiga en una tragedia, y mi compañero se pidió unos días libres en el trabajo para estar con ella en vez de asistir a un congreso importante con el resto del equipo. Me molestaba lo celosa que estaba de esa chica, ya que recordaba que muchos padres ni siquiera asistieron al funeral de nuestros amigos, y mucho menos se pidieron días libres en el trabajo para estar con nosotros durante nuestro proceso de duelo. Pensé en cómo nos habían dicho que «dejáramos de llorar» y que a menudo nuestros padres cambiaban de tema cuando queríamos hablar de Vanessa y Robert. De adulta, pude racionalizar que las respuestas desafortunadas de esos otros adultos fueron producto de la combinación de pertenecer a una generación distinta y el miedo devastador de perder a un hijo. Su único modo de lidiar con aquella situación era intentar que lo sucedido quedara en el olvido lo antes posible. Pero esa lógica no evitó que me ofuscara en mi habitación de hotel siendo adulta; me cabreó que esa pobre chica tuviera a su padre a su lado mientras lloraba a su amiga, cuando mis amigos y yo jamás habíamos tenido eso.

Si hubo alguna especie de «negociación», no fue una sola fase o un solo punto en la espiral, sino una eterna compañera. Perturbada por la fría inevitabilidad de la muerte, pasé gran parte de mi juventud viviendo tantas experiencias como me fuese posible. Esto incluyó decisiones extremas y errores más extremos aún cometidos bajo el pretexto de que la vida solo eran dos días. A veces la vida se volvía demasiado grande y alocada para mí, y me refugiaba en mi interior solo para explotar de nuevo más adelante.

Hoy por hoy sigo volviendo a algunos puntos de mi propia espiral por aquellas pérdidas. Es verdad, ya han pasado más de veinte años, pero cierta canción, un aniversario o ver sus rostros permanentemente jóvenes en algún álbum de fotos antiguo aún me conmociona, me desespera, me cabrea, y más.

Los brujos y la espiral del duelo

A muchos brujos les encantan las espirales. Algunos se las imaginan en los rituales. Otros las llevan en joyas. Algunos bailan en espiral. Las espirales albergan magia. ¿Dónde empieza y termina una espiral? Cuando lloramos una pérdida, nos preguntamos algo similar. Probablemente sabemos dónde empezó nuestra propia espiral del duelo: en el momento en que perdimos. Pero también podríamos preguntarnos dónde va a terminar. Es posible que no queramos que acabe nunca, ya que ese dolor podría ser lo único que nos sigue vinculando a lo que hemos perdido. Para muchos, la espiral empieza con un centro compacto donde los puntos rodean a los dolientes tan de cerca que la ira no puede separarse de la desesperación, la conmoción de la negociación, o cualquier otro punto único para cada persona. Algunos puntos no tienen nombre; los sentimientos complicados emergen sin una etiqueta apropiada que los describa.

Pero con el tiempo dejaremos atrás ese origen compacto de la espiral. Los puntos se separarán y tendremos un respiro entre respuesta y respuesta. Aun así, seguiremos girando alrededor de la espiral. En los primeros días de tu pérdida, incluso podrías experimentar los mismos puntos de la espiral en bucle en el trascurso de un día. Puede ser que por la mañana sientas ira durante varias horas, que podría dar paso a la desesperación o a la conmoción más adelante. Durante los primeros días después de una pérdida, puedes experimentar distintos puntos de la espiral varias veces en cuestión de una hora.

Otros podrían percatarse de que su viaje a través del duelo comienza en la parte más alejada de la espiral, sintiendo pocos o ninguno de los puntos, y grandes lapsos de tiempo pasan entre uno y otro, para que, años después, varios se sucedan de golpe. Para algunos, la espiral es un descenso lento, mientras que otros pueden verse arrastrados enseguida.

La espiral es una buena analogía porque el duelo es caótico, impredecible, confuso y vertiginoso. El duelo en sí puede parecerse a haber sido lanzado a una espiral física que no deja de girar y en la que chocamos con las diferentes respuestas que nos produce la pérdida. No es lineal; no sigue un orden fijo ni es una tarea que completar. Es un proceso único para cada persona, y más que pasar por distintas «fases», giramos alrededor de él.

Espacios en la espiral

El tiempo transcurre. Dormimos, nos despertamos, comemos. Vemos que los puntos de la espiral cada vez están más espaciados y que podemos respirar más profundamente entre llanto y llanto. Seguimos hacia adelante; nos expandimos. Empezamos a pensar que hemos superado el duelo solo para toparnos de golpe con otro de los puntos. Tal vez sea uno que ya hayamos experimentado, uno que pensábamos que ya habíamos pasado. A veces giramos y giramos en la espiral y volvemos al mismo punto, ya estemos entrando o saliendo de la espiral. El duelo, como todo en esta vida, respira y retrocede.

Cuando estamos inmersos en el proceso, tal vez no seamos capaces de imaginarnos vivir sin llorar esa pérdida. Pero tras una serie de días, semanas o meses llenos de lágrimas, despertamos y nos damos cuenta de que pasamos toda la mañana, incluso todo el almuerzo, sin derramar ninguna. En ese momento sentimos alivio. La espiral nos ha dado un respiro. Pero incluso ese respiro es duro, y hasta puede que nos produzca un sentimiento de culpa. *¿Cómo nos atrevemos a tener un breve momento de paz después de lo que ha pasado?* ¿Dejar de llorar significa que realmente no amábamos ni queríamos a la persona o cosa que habíamos perdido? ¿Es el final del proceso? A veces, el duelo es el último lazo de unión con lo que hemos perdido. A veces, que el duelo pierda intensidad puede hacernos sentir por un momento como si la pérdida se repitiese una segunda, tercera o cuadragésima vez, y esto también su propio periodo de luto.

Los brujos y brujas no somos inmunes a la influencia cultural que intenta suprimir el duelo. Dado que a menudo se percibe como un problema que resolver, muchos brujos animan a los demás a «centrarse en lo positivo» en cada situación, incluido el luto. Pero no toda la tristeza es «negativa» y no todo lo «negativo» es dañino. Aunque aferrarse a un desenlace positivo tiene su mérito, el duelo no solo es necesario, sino también sagrado. No debería eliminarse tan rápido en nombre del «positivismo». El proceso del duelo es bonito, pero no hay que adorarlo debido a su cualidad de sagrado.

Los brujos a menudo usan la magia como herramienta para controlar las circunstancias externas a través de hechizos, visiones y espíritus. Pero cuando lo externo no puede controlarse con magia, podríamos cuestionarnos nuestro poder como brujos y el potencial de la magia en general. La pérdida es una circunstancia externa con la capacidad de mermar nuestra confianza en nuestra habilidad mágica. Como ya hemos visto en el capítulo anterior, no hay hechizo o ritual que pueda restablecer por completo lo que hemos perdido. ¿Significa eso que la magia no sirve para nada?

¿Y si la magia no fuera simplemente lanzar un hechizo o llevar a cabo un ritual, sino el proceso de un cambio sagrado? Si lanzamos un hechizo o hacemos un ritual y observamos los resultados, podemos decir que el mundo ha cambiado gracias a la magia. Sin embargo, si solo vemos la magia como un motor que nos consigue lo que queremos o que nos hace controlar las cosas que nos rodean, minimizamos su potencial. También minimizamos el potencial que tienen experiencias como el duelo para llevar a cabo su propia magia. El duelo en sí es un tipo de magia. Sin hechizos ni rituales, cambia el mundo porque cambia *nuestro* mundo.

¿Significa eso que el duelo automáticamente cambia nuestro mundo, o a nosotros mismos, para mejor? Supongo que depende del concepto que tenga cada uno de «mejor». El duelo podría hacer que valoremos más lo que tenemos, pero también puede resentirnos con la vida. Valorar lo que tenemos es maravilloso, aunque no lo es tanto cuando nos impedimos reconocer el dolor de la pérdida. Un punto de vista resentido con la vida a menudo se etiqueta de «negativo», cuando tal vez esa «perspectiva negativa» solo está reconociendo una realidad y llorando una antigua ilusión. Mucha gente dice que el duelo nos hace más fuertes y tal vez sea verdad, pero ¿es eso mejor? La fuerza normalmente se ve como algo bueno, algo que nos da el poder de «superar» lo que debamos superar, pero no debemos hacer demasiado hincapié en ello para no pasar por alto heridas que necesiten sanar. El duelo también puede debilitarnos. ¿Es la debilidad algo malo? Cuando hablamos de «debilidad», normalmente hacemos referencia a una vulnerabilidad, un estado que nos invita a recibir más daño. Pero esa supuesta debilidad también podría ofrecernos la oportunidad de reconocer y honrar nuestros límites, y también los de los demás.

La forma en que el duelo nos cambia y si dichos cambios son malos o buenos depende de la persona que los experimente. Ver el duelo como una espiral mágica y sagrada podría servirnos de ayuda cuando (no «si», sino *cuando*) te topes con esos puntos de tu proceso de duelo que se repiten una y otra vez. Esto no significa que has fracasado en tu duelo. Si te sientes incapaz de seguir adelante con tu vida a causa del duelo, puede que haya llegado la hora de buscar ayuda de un profesional de la salud mental. Pero ten en cuenta que los momentos repetidos de pena y dolor son respuestas comunes cuando estamos de luto. Años después de una pérdida, podrías levantarte con normalidad una mañana y escuchar una canción en una cafetería que te recuerde esa pérdida. Entonces podrías romper a llorar y necesitar salir de ese sitio, o podrías parar un momento y reflexionar mientras esperas tu café moca. Tal vez incluso podrías sonreír. El duelo es impredecible. Tal vez pensemos que hemos pasado un punto de nuestra espiral solo para que años después nos vuelva a abofetear.

A fin de cuentas, nunca salimos de la espiral, pero con el tiempo los puntos se vuelven menos perturbadores. Más tiempo pasa entre ellos. Es posible que nuestra vida transcurra en la espiral del duelo por una pérdida en especial, pero al final ese duelo no gobernará todos nuestros momentos. Además, hay otros regalos que nos deja la espiral del duelo: felicidad, paz, claridad y perspectiva.

Mientras procesaba los celos que sentía por la hija de mi compañero de trabajo después de la muerte de su amiga, experimenté una profunda y arrolladora compasión por ella. Desde mi habitación de hotel, envié mis condolencias a mi compañero de trabajo e hice muchísimo énfasis en lo maravilloso que era que hubiese cancelado el viaje de trabajo para estar con su hija. Le expliqué que yo también había perdido amigos con la misma edad que ella, lo mucho que me habría gustado tener ese apoyo que él le estaba demostrando y que imaginaba que ella siempre se acordaría de que él había estado ahí para ella en ese momento de necesidad. Mi compañero luego me dijo que tanto él como su hija lloraron cuando leyeron mi mensaje, no porque los entristeciera, sino porque sintieron que alguien los *veía*. Su hija sintió que validaban su terrible experiencia, y él se sintió respaldado en su elección de estar con ella. Fue un regalo sorprendente para todos nosotros, y uno que creo fervientemente que solo puede hallarse en el viaje del duelo.

Otros puntos de la espiral del duelo podrían aparecer en momentos de claridad, manifestándose no como puñales en el corazón, sino como lentes en los ojos que nos ayudan a ver las cosas ligeramente (o bastante) diferentes.

Otro año, justamente en el aniversario de la muerte de mis amigos, estaba sentada en la barra de un bar con un tipo con el que salía. Estaba pasando por uno de esos puntos de felicidad y gratitud en mi larga espiral del duelo y daba gracias por estar viviendo mi extraña vida. Tenía veintiséis años, a veces iba corta de dinero, no tenía claro mi futuro y mi vida romántica era un desastre. Aun así, estaba *viva*. Tenía la oportunidad de vivir cuando mis jóvenes amigos no la habían tenido.

En cambio, mi pareja no sentía lo mismo con respecto a la vida esa noche. Estaba cabreado por culpa de algunos problemas laborales, y cuanto más bebía, más se enfadaba. Yo le escuchaba, pero mis pensamientos estaban moldeados por aquel inquietante aniversario. Traté de hacerle entender lo afortunado que era de tener la oportunidad de seguir sus sueños, pero cuanto más intentaba que diera gracias por lo que tenía (que fue un error en sí mismo), más se enfadaba. La conversación se volvió algo fea y mi pareja, que ya llevaba varios *whiskies* por entonces, dijo cosas que me dolieron mucho. En circunstancias normales, podría haberme marchado llorando y esperado a que llamara para disculparse. Pero debido a mi espiral del duelo aquella noche, hice algo diferente. Me habían dado el regalo de vivir, así que no pensaba perder más tiempo con esa persona. Rompí con él en ese mismo instante.

Él se disculpó al día siguiente, y en retrospectiva, entiendo que él también estaba pasando por su propia espiral del duelo por un tema distinto, que por aquel entonces se manifestaba como ira hacia su trabajo. Aun así, aquella noche fue un regalo. Hasta esa noche, no había sido capaz de ver que ninguno de los dos estaba en la relación correcta. El duelo, en esa larga espiral, nos abrió la puerta a los dos a cosas mejores.

La Rueda, la espiral y el duelo sagrado

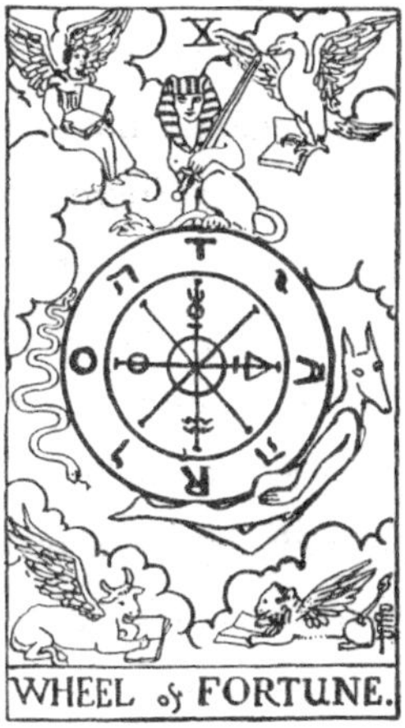

La carta de la Rueda de la Fortuna a menudo confunde a mis estudiantes del tarot. En muchos mazos, es una carta de mitología complicada. En el viaje del tarot, el Loco (el personaje central del tarot) ha elegido seguir con su viaje después de haberse retirado brevemente en busca de la sabiduría del Ermitaño. La Rueda a menudo representa la elección de seguir adelante cuando podría ser más fácil permanecer oculto del mundo. Esto también es otro momento del duelo. El aislamiento juega su papel en el duelo, ofreciéndonos el espacio que necesitamos para procesar nuestra pérdida, para no tener que dar explicaciones y para que evitemos tener que ver la reacción de los demás a nuestro dolor. Pero llegará el día en que, por elección o no, debamos abandonar ese retraimiento. Volvemos al trabajo, paseamos al perro, ayudamos a algún miembro de nuestra familia, celebramos el cumpleaños de un amigo. Pero al igual que una rueda se queda estancada en el barro, esos primeros momentos conllevan un enorme esfuerzo. Se necesita una fuerza de voluntad descomunal para poder girar esa rueda.

Pero en el tarot, la Rueda de la Fortuna presenta otras implicaciones profundas. En *Los 78 grados de sabiduría del tarot*, Rachel Pollack explora el simbolismo de esta fascinante carta. Una de las interpretaciones es que el rey Arturo tuvo una visión de un rey poderoso en lo alto de una rueda, que la diosa Fortuna gira y al final aplasta al rey en la base. Es un mensaje para Arturo que dice que, por mucho poder secular que pueda poseer una persona, su destino yace en las manos de Dios.[4] Cuando el infortunio ocurre y no comprendemos sus razones, podemos presuponer que todo era parte de un plan superior, es decir, del «plan de Dios», o como muchos brujos dirían: «Parte de la voluntad del universo».[5] Puede haber momentos en que esta idea consuele a la persona que llora una pérdida, pero a menudo consuela más a los demás que a los que están pasando por un duelo. Al pasar por un duelo, la sola idea de que nuestra pérdida haya sido voluntad de algún ser inteligente y superior es horripilante. Sin embargo, también puede ser igual de horroroso pensar que esa pérdida no ha tenido ningún propósito real. ¿Qué es cierto? ¿Nuestro dolor forma parte de un plan cruel o es simplemente un cruel golpe de mala suerte?

En su reflexión sobre la Rueda en el tarot, Rachel Pollack argumenta que la Rueda no se vuelve visible hasta que nos distanciamos. También sugiere que la carta representa un aspecto desconocido de la existencia, y señala que la carta contiene las letras hebreas Yod, He, Vav y He otra vez: el nombre impronunciable de Dios en la tradición judía, relegando su verdadero nombre a un secreto permanente.[6] Cuando analizamos esta carta y sus imágenes en el contexto del duelo, barajamos la posibilidad de que nuestra pérdida alberga un propósito, o que no tenga ninguno, y también que podría existir algo intermedio: un ámbito o una razón que somos incapaces de concebir o entender por completo.

---

4. Pollack, R. (2020). *Seventy-Eight Degrees of Wisdom: A Tarot Journey to Self-Awareness, pp.* 83-84. Weiser Books.

5. *Ibid.*, pp. 84.

6. *Ibid.*, pp. 87.

Pollack también señala que las criaturas ilustradas en la carta de la Rueda simbolizan la muerte y el renacer. Una de esas criaturas es la serpiente, que muchas tradiciones usan como símbolo de renacimiento al mudar de piel o al salir de su hibernación en primavera. Se cree que la esfinge en lo alto de la carta representa a Horus, el hijo de Osiris, un dios que resucita. Estas imágenes, argumenta Pollack, son un símbolo de que la vida triunfa sobre la muerte[7]: «La vida es poderosa, caótica y rebosa energía. Cédele el paso y Horus, el dios de la resurrección, traerá nueva vida en mitad del caos. La Rueda gira hacia arriba a la vez que hacia abajo... Lo importante de los cambios es la reacción. ¿Aceptamos la nueva situación y nos adaptamos a ella? ¿La usamos como oportunidad y hallamos un significado y un valor en ella?».[8]

Si comparamos la Rueda a la espiral, podemos ver el viaje del duelo de formas diferentes. Tenemos espacio para aceptar que el duelo tiene sus altibajos. A veces nos sentimos fuertes y con buen ánimo, y otras sentimos como si nos estuvieran destrozando. A veces encontramos sentido a la pérdida, solo para volver a experimentar confusión y desconcierto en otro momento. Habrá días en los que debamos reconciliarnos con la furia y la aflicción de que nuestra pérdida no haya servido para nada. No tenemos por qué luchar contra esas realidades cambiantes. Podemos fluir con ellas. Un día de calma y claridad no tiene por qué considerarse progreso, y que el posterior sea un día de lágrimas y rabia no tiene por qué significar que hemos retrocedido. El duelo no es lineal. Ten presente que si el duelo tuviera forma, sería más como una rueda o una espiral. Reconocer esto nos

7. *Ibid.*, pp. 88-89.

8. *Ibid.*, pp 89-90.

recuerda que, aunque experimentemos momentos de paz en nuestro viaje a través del duelo, también podemos volver a sentir dolor más adelante, y viceversa.

Llámalo la Rueda. Di que es una espiral. Tal vez para ti sea ambas cosas. O ninguna. Sea como sea, es un proceso con muchos momentos repetitivos. Olvídate de las fases y evita tratar el duelo como un problema que hay que solucionar o superar. Recuerda que las respuestas repetitivas a tu duelo son simplemente parte de la vida. Quiérelo, ódialo, siente un poco de ambos o algo completamente distinto. Pero ten presente que el duelo está usando su magia complicada contigo. Cambiarás. El «cómo» es un misterio aún por resolver.

La espiral del duelo al final se engrandecerá hasta que llegue a formar parte de tu cielo y tierra. Esto no significa que vayas a estar de luto para siempre, sino que tu viaje a través de su espiral te ha transformado. No volvemos a ser quienes éramos antes de nuestra pérdida, pero podemos aceptar nuestra nueva realidad. Llegará el día en que podrás moverte con la espiral sin sentir que te está aplastando. Incluso puede que termines bailando con ella.

El duelo es la puerta

Los brujos comprenden profundamente lo invisible. Creo que eso determina las preguntas que nos hacemos y las que les hacemos a la conciencia universal, a nuestros altares y a nuestros ancestros. Hay una expansión, que también puede traducirse en agobio porque es mucho más grande. Nosotros, los brujos, conectamos los distintos puntos de experiencia. Vemos una hoja caer en espiral hacia la tierra del mismo modo que pasamos caminando por su lado y comprendemos que hay un mensaje. Nos preguntamos qué mensaje hay bajo la espiral de la hoja y cuál es el mensaje del viento sobre nuestra piel. El duelo no puede ser lineal. Ninguna respuesta obvia lo es. Porque los que trabajamos con las energías, los brujos y los hechiceros, hacemos uso de los elementos, de las direcciones y de todas las cosas, y buscamos una interconexión mayor en todo lo que ocurre. Esto es muy distinto de, digamos, alguien que tiene un camino sencillo en la vida en el que todo lleva a una única respuesta, ya sea creer en alguna religión, en la voluntad de Dios, o renunciar a tu poder y libertad en favor del destino o la arbitrariedad. Animaría a los brujos que han perdido algo o a alguien a permitirse sentir el duelo lo máximo posible y a no resistirse a él. Vivimos una vida en la que no hay lugar para el duelo y, por lo tanto, tampoco para la humanidad. El duelo forma parte del ser humano. Saca tiempo y prioriza esos momentos en los que solo estáis tu duelo y tú, y permite que las lágrimas y otras respuestas naturales de tu cuerpo salgan a relucir. Es la resistencia al duelo lo que puede crear otros problemas en el cuerpo y confundir a la mente. Si no permitimos que el duelo avance, no podremos recuperarnos. El duelo es un rito de paso, un punto de entrada divino. Debemos pasar por él para recomponernos. No contengas el llanto. Tómate tu tiempo y no le pongas fecha de finalización. No permitas que nadie te diga cuándo has llorado bastante. Protege tu proceso de duelo. ¿Cómo es ese proceso? No siempre es sinónimo de llorar y lamentarnos. A veces se traduce en largos paseos meditando, prestando especial atención a la naturaleza. En compartir tiempo, si perteneces a alguna comunidad en la que te escuchen y te reciban como tú necesites. Es equivalente porque somos carne, y la carne debe ser honrada. Practica el hacer que el duelo sea productivo, como cuando expulsamos fluidos de nuestro cuerpo, por ejemplo, los mocos cuando tosemos. No es algo elegante, pero tenemos que expulsarlo del cuerpo. Y al hacerlo, somos capaces de transmutarlos en creación. A veces el duelo es la única puerta hacia ciertas partes de nosotros mismos.

~Gina Breedlove, oráculo de la gracia y doula del luto

Ejercicios para la espiral del duelo

Dibuja: considera dibujar espirales en un folio mientras meditas, pronuncias una oración, o estás en un momento tranquilo a solas. Mientras dibujas las espirales, habla con tu duelo como si fuera una persona. Expresa tu ira, tu tristeza, tus momentos extraños de felicidad. Ten la total libertad de gritar, bendecir o incluso maldecirlo si eso te hace sentir mejor. Da igual cómo le hables, pero dibuja espirales mientras lo hagas. Quemar el papel después resulta catártico para algunos. Otros prefieren guardarlo y seguir dibujando espirales en otro momento.

Escribe: describe tus sentimientos sobre tu duelo sin intentar racionalizar, explicar o desterrarlos. No te obligues a redactar una lista de todo por lo que das gracias si no te ves con ganas ni trates de obligarte a sentir una emoción profunda y dolorosa si en ese momento estás tranquilo. Simplemente escribe sobre cómo te sientes en ese momento de tu espiral del duelo: cómo afecta en ese momento el duelo a tu cuerpo, a tu mente y a tu corazón. Usa palabras o no. Yo a veces uso puntos suspensivos o trazo círculos en las páginas, pero no palabras, puesto que hay momentos en el proceso del duelo en los que no se usa el lenguaje.

La Rueda de la Fortuna: seas tarotista o no, valora llevar una copia de la carta de la Rueda de la Fortuna en tu cartera. Si no tienes una baraja o no quieres romper la tuya, una opción es imprimir una imagen de la Rueda de la Fortuna o incluso ponértela de fondo de pantalla en el móvil durante un tiempo. Deja que la imagen te recuerde los cambios que el duelo tiene preparados para ti, y que da igual cómo te sientas ahora, esas emociones cambiarán.

Reconcéntrate: recuerda que esto es solo un momento. Cuando hayas pasado por los momentos más dolorosos de tu duelo, recuerda que habrá otros en el futuro que no te resultarán tan difíciles. La gente te dirá que habrá días mejores en el futuro, y sí, es verdad, pero a veces esos días parecen muy lejanos. Ve momento a momento. Cuando uno te resulte muy duro, recuerda que pasará. Tal vez tarde diez minutos, una hora o el resto del día, pero pasará. Otro le seguirá, y también pasará.

Respira: respirar no va a detener tu duelo, pero sí que lo dispersará, ofreciéndote más espacio y evitando que se acumule en un único lugar de tu cuerpo.

Trata las lágrimas como un proceso corporal natural: al igual que necesitamos ir al baño, también debemos derramar lágrimas. Tómate tu tiempo para llorar cuando puedas. Yo prefiero hacerlo en lugares donde la gente no va a venir a consolarme ni a impedírmelo. Suelo hacerlo con frecuencia en los baños públicos y también lloro mucho en mi coche. En los primeros días después de mi pérdida, las lágrimas parecían salir en los momentos más inoportunos y tenía que dejar lo que estuviera haciendo para ir a llorar. Aprendí que, cuanto más trataba de contener las lágrimas, más me costaba evitarlas. Cuando me concedía momentos para desahogarme y llorar, a veces pensaba que no pararía nunca, pero lo hacía y después me sentía mucho mejor.

Bebe agua: cuando lloramos una pérdida, nos cuesta recordar que debemos cuidar nuestro cuerpo y la deshidratación es un gran factor de estrés para el cuerpo. El estrés corporal puede agravar el duelo de forma innecesaria. Beber agua puede hacer que el proceso resulte un poco más llevadero. Considera la opción de ponerte recordatorios para beber un vaso de agua, tal vez incluso alarmas en el móvil. Beber agua de forma regular elimina un factor estresante cuando estás pasando por una situación bastante estresante ya de por sí.

Un ritual para tus espacios en la espiral

Ve a tu lugar sagrado o crea uno si no lo tienes. Los rituales en el baño son particularmente útiles si vives con personas que no apoyan tu brujería. Hacerlo en el exterior sería maravilloso si tienes acceso a espacios naturales. Estas son las medidas de seguridad necesarias: si vas solo, dile a alguien dónde estarás y llévate el móvil. No te pongas en una situación de peligro para poder llevar a cabo este ritual. Si quieres estar acompañado o requieres la ayuda de una persona de apoyo para desplazarte, no dudes en llevar a alguien contigo.

Es buena idea llevar contigo la representación de tu espiral, si la tienes, o una imagen o copia de la carta de la Rueda de la Fortuna del tarot en caso de tener una baraja. Si estás en un lugar en el que puedes encender una vela, hazlo. Las velas a pilas también sirven, sobre todo si no puedes usar fuego en tu casa o si vives en una zona en la que hay riesgo de incendio.

Respira profundamente y céntrate en los latidos de tu corazón y en tu estómago. Si sientes dolor, ¿dónde exactamente? Respira hondo y deja que el aire toque esos lugares adoloridos. Respira otra vez. Y otra. Con cada respiración, pregúntale al dolor: «¿Qué duele más hoy?». Si contesta, acepta su respuesta sin cuestionarla, analizarla o achacarlo a cualquier otra razón.

Habla con el duelo. Hónralo, bendícelo o incluso maldícelo. No hay reglas sobre cómo debes hablarle en ese momento.

Finalmente, pregunta qué necesitas de él: ¿que te dé más espacio? ¿Que se transforme en otra cosa? ¿Que simplemente esté ahí?

Después de tu conversación con él, si has traído tu espiral o una copia de la carta del tarot de la Rueda, tómate un momento para observarla. Si tienes una revelación sobre cómo te está afectando el duelo, hónralo o incluso anótalo en un cuaderno. Si no sientes nada, no importa. Yo a menudo tengo revelaciones mientras sueño o en momentos de sincronicidad días después de que haya realizado el ritual.

Una bendición para la ira

Cuando el duelo se transforma en rabia,
Ese sentimiento que amenaza con devorarte,
Con aferrarse con uñas y dientes a tu mente,
Incontenida y descontrolada,
Rezo por el rumbo de tu dolor.
Rezo por que la claridad la diluya,
Por que tu viaje se despeje
Para que puedas reconciliarte con ella
Y tengas el valor de mirarla a los ojos,
De reconocer su poder,
Su lugar,
Su maravilla.
Porque estás vivo/a
Y eres humano/a,
Y estar vivo y ser humano es lamentar el momento de tu pérdida
Y enfadarte por lo que se te ha arrebatado.
Es darte espacio para ser el/la niño/a que fuiste antaño,
Todo deseo y voluntad, sin tiempo o paciencia para que la mente racional controle tus impulsos.
Rezo para que consigas exteriorizar toda esa rabia,
Para que los que te rodean te brinden la paz y la calma que necesites,

Para que no afecte a los seres queridos que aún tienes
Y te impulse hacia adelante
Y se transforme en risas cuando llegue el momento
En que anheles libertad y de ella desees alejarte.

4

Abrirte paso por el mundo tras una pérdida

En un mundo perfecto, todos tendríamos tiempo para descansar y pasar el luto antes de reincorporarnos al trabajo o a nuestras obligaciones sociales. Incluso las personas que tienen la suerte de poder tomarse un tiempo para llorar su pérdida deben regresar a la realidad en algún momento. Por desgracia, los dolientes no pueden retomar sus vidas por sí solos. El dolor los acompaña y a menudo se comporta como una expareja dependiente. Aunque estés listo para dejarlo atrás, el duelo no está listo para dejarte atrás *a ti*.

Quizá vayas a una discoteca o una cena con la esperanza de despejarte un poco, pero el dolor te acompaña igualmente; es una presencia incómoda y perturbadora a la que nadie ha invitado y nadie sabe cómo hacer desaparecer. A pesar de que queda claro que quieres distanciarte de él, se te pega como una lapa, como si fuese tu cita ese día. Puede resultarles incómodo a tus amigos o conocidos. Saben que está ahí y que te está ocasionando problemas. Seguramente se pregunten si deberían interferir, pero no saben cómo. Intentan charlar contigo de forma distendida con la esperanza de que no te metas en los problemas que al duelo le gustaría que afrontaras.

Quizá te lleves al dolor a rastras al baño (es decir, que te obligues a ir al baño) y le grites que te deje en paz. Esa conversación puede hacer que llores, y aunque te repases el rímel, la gente en las fiestas normalmente se da cuenta de que algo ha pasado. Tal vez te miren con pena y eso te haga sentir peor. Puedes tratar de ignorar el dolor, pero quizá veas que cuanto más lo haces, mayor parece. Tal vez te percates de que no estás prestando atención a las cosas divertidas que has ido a hacer porque estás centrando toda tu energía en ignorar el dolor. Llegados a cierto punto puede que te des cuenta de que los demás también se centran en ignorarlo y te preguntes si deberías haber ido siquiera.

Si has salido con gente en la que confías y a la que conoces bien, puedes pedirles que den espacio a ese dolor. Intentarás no dejar que domine la conversación, pero ni siquiera tú puedes controlar cómo te afectará esa noche. Tal vez en cierto momento alguien diga algo que moleste a tu dolor y este responda con un comentario mordaz o incómodo, o se ría en voz alta en un momento inoportuno. Quizá te enfades con él y lo lleves de vuelta al baño, donde te morderás el puño para ahogar los gritos, llorarás un poco más o incluso escribirás a alguien que entienda tu dolor. Con suerte te recordarán que tu dolor no es un reflejo de cómo eres tú realmente. La gente con la que estás seguramente lo entenderá. Es probable que ya hayan conocido al dolor. Aun así, tal vez sientas que eres la única persona que ha acudido a una fiesta con él.

Tal vez una noche no seas capaz de desvincularte de él y caigas en sus brazos. Quizá incluso salgas con él cuando creas que nadie te ve. Es posible que vuelvas a casa con él y lo odies, pero también aceptes que no se irá. A lo mejor tienes que aceptar que separarte del dolor requiere más energía de la que tienes ahora por lo complicado que es.

Probablemente al día siguiente te avergüences de cómo se ha portado ese dolor y te preguntes si la gente se compadeció de ti, si creyeron que fuiste borde por marcharte con él, si te volverán a invitar a salir o si creerán que el dolor formará parte de ti para siempre.

Por suerte, la mayoría sabe lo que es, han pasado noches incómodas a su lado. Si te resultan indolentes, es que quizá no quieran recordarlo.

Los primeros y frágiles pasos mientras estás de luto

Desgraciadamente, incluso si ha sufrido alguna pérdida, la gente que forma parte de nuestra vida a veces no entiende nuestro dolor. Si perdemos a una mascota, tal vez encontremos a alguien que diga: «Solo era un perro» o «No me gustan mucho los gatos». Si lo que hemos perdido es una relación romántica, quizá digan: «No me caía bien» o «¡Pues a buscar a otra persona!». Y si lo que acaba es una amistad, probablemente digan: «¿Y qué? ¡Estás mejor sin esa persona!» o simplemente pongan los ojos en blanco cuando mencionas que estás pasándolo mal. Sea cual sea la pérdida, a los dolientes nos animan con mucha frecuencia a «ponernos de pie», a «pasar página» o a «seguir con nuestra vida», básicamente a volver a la normalidad lo antes posible. Aunque seamos conscientes e intentemos cuidar de nosotros mismos, cuesta escapar de la presión de la rápida recuperación. A veces nos convencemos de que estamos listos para enfrentarnos al mundo otra vez, tal y como hemos hecho siempre, pero descubrimos que nos falta equilibrio. Durante la primera noche que salí después de perder al bebé, creí que estaba preparada para pasar tiempo con gente, pero no fue así.

Nuestra casa, que normalmente me insufla paz, se había convertido en un espacio sofocante. Estaba harta de llorar y de quedarme mirando a la pared. Estaba harta de mí misma. Era una noche despejada de verano y mi marido y yo habíamos quedado para cenar con una amiga. Nuestra amiga es tremendamente compasiva, y cuando vio a otras personas con un bebé, preguntó si preferíamos ir a otro sitio. Lo pensé y al final dije que no. Razoné que los bebés forman parte de la vida. Además, me enorgulleció lo poco que me molestó la presencia de uno.

Pero la noche prosiguió y yo bebí demasiado vino. Era la primera vez que tomaba alcohol desde el embarazo y me afectó mucho. Nuestra amiga apenas comió esa noche y mencionó que tenía hambre, pero que no quería comer porque estaba a dieta. A mí no me gusta eso de las dietas, y que mi amiga se quedase con hambre porque una aplicación le decía que ya había comido demasiado me habría puesto de mal humor incluso en un día normal. Pero esa noche me enfadó. Al despertar esa mañana me había mirado al espejo y había visto que pesaba cinco kilos menos que hacía unos días. El peso que mi cuerpo había acumulado para ayudar con el crecimiento del bebé había desaparecido a una velocidad alarmante. El cambio fue un recuerdo cruel de lo que había perdido. Ver un bebé en el restaurante no me había hecho sentir mal, pero ver a mi amiga pasándolo fatal para que su cuerpo cambiase tanto como el mío debido a circunstancias horribles, me entristeció tanto que le quité el teléfono, intenté borrarle esa aplicación y le dije algo brusco sobre su decisión de hacer dieta. Ella se marchó de la mesa llorando y mi marido me dijo que había sido una impertinente. Al día siguiente le pedí perdón a mi amiga y afortunadamente ella aceptó mis disculpas.

Cuesta pasar tiempo con gente que está de luto. Nos tomamos las cosas como algo personal. A pesar de que la compañía pueda ser como un soplo de aire fresco, también puede resultar agotadora. Tenemos menos paciencia y no nos reímos siempre de una broma, o nos reímos de algo que no le parece gracioso a los demás. A veces incluso salir de casa puede parecernos raro. Los ruidos parecen subir de volumen y las luces, más brillantes. En ocasiones incluso nos tomamos la felicidad de los demás como un insulto. ¿Cómo se atreven a ser felices? ¿Acaso no saben lo que ha pasado? El tiempo decelera y, a la vez, acelera. Diez minutos pueden parecer una eternidad, y una hora pasar en un abrir y cerrar de ojos. Quizá te descubras obligándote a reaccionar a las bromas e historias de los demás, intentando recordar cómo reír, parecer impresionado o sorprendido, o sin saber incluso cuál sería la reacción adecuada en ese momento. Quizá, como yo, descubras que estás monopolizando conversaciones sin darte cuenta, incrementando con palabras la distancia entre tu dolor y tú de forma inconsciente: si hablas, quizá no pienses en lo que has perdido.

Pase lo que pase, cuídate tanto a ti como a los demás. A veces el mundo saca a relucir antiguos duelos: tal vez unas vacaciones te vuelvan a hacer llorar por el fallecimiento de un familiar o por la infancia que nunca has tenido. Quizá una fiesta de cumpleaños te recuerde a miembros de tu familia con quienes ya no tienes relación o amigos de los que te has distanciado.

Por otro lado, a lo mejor ansías escuchar música, bailar, cantar en un karaoke o caminar por el bosque. Salir puede interrumpir ese bucle en nuestra cabeza que reproduce sin parar lo que hemos perdido, y así dejar hueco a conocer gente compasiva. Cuando tenía dieciocho años, rompí con mi novio una tarde y, pese a tener el corazón roto, esa noche trabajé de camarera. Un cocinero pesado me preguntó por qué se me olvidaban los tenedores y confundía los pedidos. Cuando le expliqué lo que había pasado, su expresión se suavizó. «Si te sirve de consuelo, yo también he pasado por eso».

Me sirvió. Mi cerebro inconscientemente pensaba que yo era la única a la que le habían roto el corazón. Me consoló descubrir que la gente a mi alrededor también había sufrido pérdidas alguna vez: el de la charcutería, la bibliotecaria, la gente en los coches que tenía detrás, al lado y delante. Todas las personas a las que había visto habían pasado por ello.

Un aspecto cruel de los años de la pandemia fue que nos quitaron nuestros mecanismos de distracción. Obligaron a los que ansiaban distraerse de la pérdida que habían sufrido a llorar a solas durante el largo periodo de confinamiento. La pandemia fue un luto en sí: lloramos el mundo de antes. Y ese luto continúa de muchas maneras. Escribo esto en 2023 y, aunque en muchos países (aunque no todos) se han derogado las restricciones de mascarillas y el confinamiento, el virus no ha desaparecido. La gente inmunocomprometida debe vivir con esas restricciones que la mayoría hemos experimentado. Y también nos persigue la pregunta de «¿y si…?». Podemos organizar fiestas, encuentros, reuniones o conferencias, pero ya no podemos dar por sentado ciertas cosas como hacíamos antes. En cierta forma, el COVID-19 ha hecho que las reuniones sean más sagradas; lloramos la estabilidad colectiva que perdimos. Para este luto no hay plan. Todos debemos aprender a lidiar con él juntos.

Cómo afecta el duelo a los brujos y brujas del mundo

En cierta forma, el duelo me hace ser más amable. Cuando abunda, trato a conciencia a cada persona que veo como si ellos también estuviesen de luto; pido las cosas con más suavidad y tengo más paciencia. Se podría decir que así deberíamos tratarnos los unos a los otros siempre, y puede que sea verdad, pero es fácil olvidar que el duelo existe cuando no es reciente.

Obviamente, dada mi historia, mi porcentaje de éxito varía según el momento. A veces siento resentimiento hacia los demás si no los veo tristes, y ese sentimiento proviene de un mundo imaginario en el que yo soy la única persona que está de luto y todos los demás son felices. Esto, por supuesto, no es cierto, pero agrava mi dolor. Dicho dolor pesa más cuando creemos que somos los únicos que lo hemos sentido. Contrarresto ese resentimiento con el ejercicio de antes e intento tratar a todo el mundo como si estuviese pasando por lo mismo que yo. Facilita las interacciones con los demás y me noto más apoyada en mi proceso de duelo. El apoyo proviene de mí misma, no depende de que nadie me lo ofrezca.

A veces el dolor es tan agotador que no tenemos espacio para la amabilidad. Los niños tristes, estresados o agotados lanzan cosas o atacan a sus cuidadores. Eso no significa que sean malos, sino que tienen una necesidad que no se ha abordado e intentan llamar la atención. Los adultos también lo hacemos, pero atacamos de formas diferentes. El luto nos puede volver impacientes, irritables, insensibles a los problemas de los demás, etc. Eso no nos hace malos, sino personas que, simplemente, tenemos necesidades específicas debido a nuestro dolor. Es bueno admitir cuando nuestro estado nos ha hecho ser crueles con los demás, aunque solo lo hagamos en privado. Ser consciente de esos momentos no va con el objetivo de autocriticarnos, sino de reconocer que nuestro dolor quizá nos esté avisando de que necesitamos ciertos cuidados y, tal vez, un poco más de distancia con el mundo.

Cuando se dan esos momentos, pregúntate qué quieres realmente: ¿dormir? ¿Espacio? ¿Ver una película o una serie no muy complicada? Cuando lo digas en alto, prioriza conseguirlo o hacerlo.

No te descuides porque «alguien lo está pasando peor»

Sí, hay alguien ahí fuera, quizá en la otra punta del mundo, que ha tenido una ruptura peor, una lesión más traumática o una traición más devastadora que tú. Eso por descontado. Pero eso no significa que no debas preocuparte por ti mismo. Si te has hecho un esguince en el tobillo, ¿te saltas el chequeo médico porque alguien más también se lo ha hecho? O si te rompes una pierna, ¿vas a posponer tu visita al médico porque otra persona se ha roto la suya? Seguro que no. Ignorar ese tipo de lesiones solo te augura más complicaciones a la hora de sanar más adelante. Decir: «¿Qué derecho tengo a llorar? Seguro que hay alguien que lo está pasando peor que yo…» es más una técnica de escapismo que moralista. Si envías tu dolor a un hoyo más profundo en tu corazón y tu alma, más adelante volverá y, cuando lo haga, es probable que cause aún más daño tanto a ti como a tus relaciones. El dolor ignorado nos hace daño a nosotros, a nuestros seres queridos y a nuestra capacidad de disfrutar de la vida.

Mereces ser feliz. Tu dolor no merece que lo ignores.

Vigilar y proteger durante el duelo

Muchos brujos tienen la capacidad innata de conectar con las energías de los demás. Algunos se refieren a esto como empatía. Yo personalmente creo que se trata simplemente de ser humano. Como humanos estamos en sintonía con los ritmos y emociones de nuestros semejantes. Algunos son más sensibles a esto que otros, pero forma parte de todos nosotros. Practicar brujería agudiza esos sentidos humanos y naturales aún más. El dolor también los magnifica, lo cual implica que un brujo que ha sufrido una pérdida puede mostrar muchísima más sensibilidad. Espero que, como brujo, puedas mostrarte considerado y alentador contigo mismo mientras lloras, ya sea por algo reciente o un dolor que ha resurgido de una pérdida lejana en el tiempo.

«Vigilar» y «proteger» son términos comunes en la brujería. Normalmente se usan para centrarnos y protegernos cuando hacemos magia, ya sea porque creemos que hay fuerzas negativas que puedan interferir con la magia o simplemente porque queremos llevar a cabo un ritual adicional que nos ayude a centrarnos. Algunos brujos emplean estas técnicas antes de verse inmersos en situaciones estresantes u hostiles. Resulta especialmente útil cuando estamos de luto, ya que el dolor abre nuestros corazones y otros sentidos y nos deja vulnerables ante nuevos dolores o interferencias energéticas (es decir, cuando las energías externas y desagradables parecen adherirse a nosotros). La sección que aparece a continuación incluye un ejercicio fácil de conexión para antes de salir a interactuar con el mundo exterior.

Reflexiona

Inspira hondo. Deja que ese aire llegue a todas partes. ¿Te sientes herido u oprimido en algún área? Si es así, ¿dónde? Dirige el aire hacia esa zona o zonas. Presta atención. El dolor y la incomodidad transmiten información. Deja que te cuenten si necesitas mantenerte ocupado. Si la respuesta es «no» y no necesitas estar en algún sitio en concreto, permítete quedarte en casa. Si puedes, sé sincero con los demás. No finjas estar malo: cuéntales que tu dolor necesita apoyo. Sé parte del proceso para acabar con el estigma y tratar el duelo como la verdadera lesión que es.

Por desgracia, somos conscientes de que no siempre podemos quedarnos en casa. A veces, nuestro trabajo u otras obligaciones no nos permiten estar de luto, o las ganas de distraernos pesan más que el dolor en sí. Si necesitas distraerte, te ofrezco un sencillo ritual de protección que quizá te resulte útil.

Un ritual protector a través de la admisión del dolor

Haz los ejercicios de respiración de antes y toma nota de dónde reside el dolor y las zonas que generan placer, debilidad, fuerza u otras sensaciones. No juzgues ni analices. No es momento de decir: «Me siento cansado, pero no debería. He dormido toda la noche» o «Tengo hambre, pero no debería porque acabo de comer». En cambio, simplemente piensa: «Me siento cansado» o «Tengo hambre». Admite las sensaciones de tu cuerpo y nómbralas cuando las reconozcas.

A continuación, reconoce cómo está tu corazón. ¿Dónde se aloja el dolor hoy? Puede que en el resentimiento que hemos descrito antes: la ira o los celos por otras personas que no parezcan estar pasando por un duelo. El dolor quizá te haga reír por algo que normalmente parecería inapropiado. Tal vez simplemente sea una enorme ola de tristeza. Sea donde sea que se aloje hoy, pronúncialo en voz alta. Reconocer el dolor no hace que nos deshagamos de él, pero cuando lo ignoramos clama por nuestra atención, a menudo cuando precisamos que pase desapercibido (por ejemplo, cuando hablamos con un cliente o estamos en una reunión de trabajo). Si nos tomamos unos instantes para decirle al dolor: «Soy consciente de ti. Te oigo. No te olvido», el dolor no presionará para hacerse notar. Cuando lo reconocemos, puede esperar y permitirnos hacer lo que necesitamos.

Aprovecha siempre que puedas para reconocerlo mientras estás distraído. Puedes conseguir el espacio necesario para completar el ritual ya sea escapándote al baño o dando un breve paseo por el barrio.

Conecta con el dolor

En mi caso, parte del ritual de admisión del dolor incluyó pausas para llorar, un proceso que recomiendo encarecidamente si te lo puedes permitir. Cuando volví al trabajo después de mi pérdida, dejé la cámara apagada en muchas videollamadas por Zoom (reconozco que soy bastante afortunada por tener un trabajo que me lo permite) para llorar.

También pasé mucho tiempo en los baños, tanto en mi casa como en espacios públicos, simplemente llorando. Lloraba tanto y tan fuerte que temía no ser capaz de parar nunca, pero lo conseguía. A veces, tan solo un par de minutos llorando sin reservas nos da una paz inmensa durante horas. Al igual que el luto es más delicado con nosotros cuando lo reconocemos, lloramos menos cuando dejamos que las lágrimas fluyan.

Un ritual sin lágrimas

Si no eres una persona que llore fácilmente o no es factible que hagas pausas para llorar, quizá te resulte útil dedicar varios momentos a tu dolor al inicio del día o antes de salir de casa. Valora probar lo siguiente:

Coloca un cristal dilecto en tu altar o en tu espacio sacro. Si no tienes uno o normalmente no los usas, escoge una piedra de tu jardín o de un parque cercano. No tiene por qué ser grande. Si no tienes un altar o espacio sacro, lleva el cristal o la piedra a una zona tranquila en la que te sientas seguro. Junto a tu cama es un buen sitio.

Si tienes tiempo y espacio, valora encender una vela. Vale de cualquier color, pero las que van especialmente bien con este ritual son las azules o moradas, ya que son colores tranquilos y delicados. Uses la vela o no, llévate la piedra o el cristal al pecho y pídele que encierre tu dolor mientras vas de un lado para otro. Si no sabes cómo decirlo, puedes utilizar este ensalmo:

Cristal o piedra, del mundo un pilar,
Lejos de casa me has de esperar,
Reúne mi osadía, miedo y fuerza,
Hasta que llegue a casa y liberarlos pueda.

Mientras sobrellevas la pérdida, cuéntale a tu cristal o piedra si te sientes nervioso por algo en caso de que así sea. Describe lo peor que podría pasar («Me da miedo empezar a llorar en la cena y no ser capaz de parar», «Me da miedo gritarle a un cliente y que me despidan», «Me da miedo decirle algo borde a alguien a quien quiero o reírme en un momento inoportuno y pasar vergüenza»). No tienes por qué planear una solución al peor escenario posible, a menos que formular un plan te sea de ayuda. El mero hecho de admitirlo ya te ayudará.

Deja la piedra en tu altar o en otro lugar seguro y ve a hacer lo que necesites.

Cuando vuelvas, siéntate con tu cristal o piedra otra vez. Agradécele que te haga un hueco. Valora añadir a tu baño de esa noche sal, vinagre de manzana o una combinación de hierbas dilectas que pueden usarse con tranquilidad en un baño (investiga siempre la hierba antes de usarla). Si no tienes bañera o simplemente prefieres ducharte, coloca estos elementos en una cacerola con agua, moja un guante de baño y úsalo para exfoliarte el cuerpo. Si tu piedra o cristal puede sumergirse en agua, valora añadirlo a tu bañera. Si no puede sumergirse, colocarlo junto a la bañera o ducha es una buena alternativa. (Investiga siempre la disolvencia de tu cristal o piedra antes de meterlo en tu bañera. Ciertas piedras o cristales pueden disolverse o volverse tóxicos en el agua, así que cerciórate de investigarlo antes).

El objetivo es dejar el cristal o roca en un lugar concreto de tu casa, como tu altar o la mesilla de noche junto a tu cama, con el fin de que se convierta en un punto de apoyo sacro para ti mientras recorres el mundo. Aun así, puede que sientas la necesidad de llevarlo contigo, y es totalmente lícito.

Si decides llevarlo contigo, te recomiendo darle un espacio para descansar después de pasar tiempo con él (propongo de nuevo un altar, una mesilla de noche u otro espacio intencional). Valora realizar una limpieza con humo sobre el cristal o la piedra si lo has llevado contigo durante un tiempo, por ejemplo quemando hojas de laurel o romero seco y pasando el humo alrededor de él.

Si pierdes el cristal o piedra, resultaría decepcionante, pero no es un fracaso. Lo bueno de los cristales, piedras o rocas es que nunca se pierden del todo. Sin contar con algunas excepciones, no se desintegran en los elementos durante nuestro tiempo de vida, y seguirán formando parte de la tierra mientras tú la pises. Quizá irse y llevarse una parte de tu sufrimiento sea incluso la intención de ese cristal o piedra.

Si desaparece, pero sientes que necesitas continuar con el ritual, no pasa nada por conseguir otro que lo reemplace. Quizá esa desaparición indique que es momento de hacer algo distinto con tu dolor. Si no estás seguro, deja pasar un día sin hacer el ritual. Si sientes que lo has pasado igual de mal que antes del ritual, ve a buscar otro cristal o piedra y repite el proceso.

Pide ayuda cuando lo necesites

Las redes sociales tienen sus problemas, pero también pueden ser una forma rápida y fácil de encontrar apoyo. Si has conectado con brujos de forma virtual, una simple publicación pidiendo velas o que recen por ti te ayudará a sentirte bien. Avísales si hay algo que no quieres o desees, ya sea consejo, hechizos, energía o contestar preguntas.

Si las redes sociales no te hacen bien ahora mismo (mucha gente se aleja mientras está de luto, ya que pueden resultar agotadoras), valora pedirle a un amigo de confianza, ya sea brujo o no, que te haga un hueco. Pídele que te mande una afirmación positiva o fotos de mascotas adorables en un momento en concreto. Pedirle a la gente algo tan sencillo y tangible es una buena forma de reunir apoyo. También ayuda a la hora de pensar en lo que necesitas. Tomarnos nuestro tiempo para pedir algo pequeño pero significativo nos ayuda a estar más en sintonía con lo que más necesitamos durante este proceso.

No tienes que fingir estar bien

Puede que haya gente a la que le resulte útil fingir que está bien. Como la típica frase de «finge hasta que lo logres», ¿verdad? Tiene cierta parte de verdad y utilidad. Si te sientes mejor durante un periodo de tiempo fingiendo que no estás triste, adelante. Eso sí, ten en cuenta que no tienes por qué hacerlo. Te aseguro que no hay que estar bien, y no es necesario que lo finjas.

Si un día en concreto no te sientes bien y puedes quedarte en casa, hazlo. Al final las ganas de estar con la gente volverán. Si necesitas espacio para ti, no vas a decepcionar a nadie. Pero hazte un favor, y a nuestra trayectoria cultural también, y di simplemente: «No estoy listo para estar con gente». Además de ser un regalo para ti, también lo es para los demás. Ver a una persona pedir espacio para sobrellevar el dolor normaliza el proceso y resultará más fácil hacerlo luego cuando lo necesitemos nosotros.

No te lo tomes como algo personal si hay gente que sigue con sus planes y su vida mientras tú pides espacio. Ya sea su trabajo, el instituto, un viaje a la playa organizado desde hacía tiempo u otra cosa. Si tú decides no ir, no esperes que los demás también dejen de hacerlo. Apoya su decisión de seguir adelante, sobre todo si te han apoyado cuando tú has elegido apartarte.

¿Dónde están los dioses? ¿Y nuestros antepasados?

Durante los meses posteriores a mi aborto, no asistí a eventos públicos de brujería. No por mi dolor, sino más bien por la logística. Seguíamos confinados, pero aun así creo que no me habría sentido curada ni empoderada en un ritual público. Lo único que creía sobre los dioses y la brujería durante esa época era que me habían resultado totalmente inútiles. Quizá también lo fueran para los demás.

Pero algunas mañanas despertaba recordando un día que había pasado en un parque de atracciones. El cálido día había empezado bien, pero de pronto apareció una tormenta y el parque cerró temprano por la tarde. Mientras mi cita y yo esperábamos al autobús de vuelta a casa, vi los relámpagos partir el cielo en dos y golpear la tierra a nuestro alrededor. Sentados en aquel aparcamiento, vulnerables ante los elementos, imaginé a mis antepasados de hacía miles de años:

su vulnerabilidad, miedo y sorpresa ante eventos como una tormenta. Imaginé que habrían elaborado rituales, rezos, canciones y elegías para ayudarlos ante circunstancias aterradoras o inciertas. Seguro que quisieron invocar algo para protegerse de la realidad al ser tan pequeños y humanos en un mundo gigante y violento.

Allí sentada pedí a los dioses que me estuvieran escuchando que nos protegieran a mi cita y a mí del tiempo, pero a continuación me di cuenta de algo escalofriante y aleccionador: los relámpagos eran parte del ecosistema de la tierra. Necesitaban existir y no iban a caer sobre mí deliberadamente ni tampoco intentarían evitarme. Los dioses no habían creado esa tormenta y tampoco la podían prevenir. Estaba siendo testigo de algo mayor que cualquier dios, así que, si ellos no habían provocado los relámpagos y no nos estaban protegiendo de ellos, ¿para qué servían?

Pensé en otra cosa al instante. Quizá los dioses interactuaban con el mundo de la misma forma que un guardabosques con la fauna. Los guardabosques observan el entorno y establecen protocolos para proteger a los animales en el parque del mundo exterior, pero no interfieren. No protegen a los bebés búfalo de los lobos. No refugian a animales del mal tiempo ni les dan comida cuando las reservas escasean, ya que eso dañaría más a los animales. ¿De esa forma estaban presentes los dioses para nosotros? Si un ente superior interviniera, ¿degradaría nuestro mundo de forma inimaginable?

Quizá.

Tal vez hubiera cierta parte de verdad en mi descubrimiento. Tal vez solo fuera una historia que me conté a mí misma en busca de consuelo. Tal vez eso es lo que han sido siempre los dioses: una historia para ahuyentar el miedo cuando todo parece perdido. O tal vez solo nos observen porque lo mejor para nosotros es que nos permitan vivir nuestra vida.

De todas formas, el recuerdo de aquel día me ayudó a dejar de buscar explicaciones sobre por qué los dioses me habían llevado a esa situación de pérdida y desconsuelo. No lo habían hecho ellos. No habían creado mis circunstancias y no iban a deshacerlas. Estaba en mí recorrerlas y elegir confiar en que algo mayor, más sabio y poderoso me estaba observando.

Tal vez eso fuera suficiente.

Llorar a la familia perdida

Decidí apartarme de mi familia biológica por un gran trauma. Había crecido soportando, por así decirlo, abusos físicos, sexuales, mentales y emocionales. A los dieciséis o diecisiete años tomé la decisión de que, si quería sobrevivir, tenía que marcharme. Al principio sentí que me había liberado del miedo que había soportado. Pero provengo de una enorme familia latina donde hay un gran sentido de comunidad. Eso lo perdí. Gran parte de mi duelo nace de no poder asistir a las reuniones que teníamos, las celebraciones culturales y cosas así.

Soy indígena, así que también debía seguir preservando las tradiciones culturales. Mi duelo nació de tener que averiguar cómo preservar quién soy y de dónde vengo y a la vez bordear a la gente que me hizo daño. Fue complicado. Una de las formas en las que sobrellevé la pérdida fue con la comida. Mi padre me había enseñado a cocinar y, a pesar de todo, aprendí mucho de mi cultura a través de saber cocinar bien y poner buena energía en esa comida. Fue curativo, como tener un poco de mi casa, pero sin el trauma que lo acompañaba.

Cuando tenía unos dieciocho o diecinueve años, me sumergí en mi parte indígena y empecé a desarrollar una relación con IxChel, la diosa principal de los mayas. Tiene tres formas: la doncella, la madre y la anciana; y se convirtió en mi madre. A través de ella y de reconectar con la naturaleza, sané gran parte de mi dolor. También he meditado mucho, ya que los traumas profundos perduran y literalmente te cambian el cuerpo. Me aseguro de que mis chacras estén alineados, trabajo con ellos individualmente y si uno se desequilibra, hago lo que se denomina una «limpia». Me despejo y empiezo desde la base.

Con el tiempo, también he creado mi propia familia. No solo con hijos, sino con amigos íntimos a los que considero familia. Es cuestión de rodearte de gente con la que conectas a un nivel profundo. Cuando pierdes una relación, el universo hace hueco para cosas mejores en tu vida. Eso es algo que quiero transmitir a las personas que estén viviendo ese tipo de duelo: las cosas mejoran y se tornan más claras. El dolor no te agobiará en el futuro tanto como ahora. Hay cierto punto en que te das cuenta de que has perdido mucho, pero en vez de centrarte en lo que has perdido, piensa en lo que estás a punto de ganar. Tienes que convencerte de mirar hacia delante, con ganas. El dolor golpea en ciertos momentos. Sientes muchas cosas y no pasa nada por enfadarte o llorar. Pero las emociones vienen en oleadas, y verás que, con el tiempo, dolerá menos. De vez en cuando aparecerá, y no pasa nada. Cuando me sucede, simplemente lo reconozco y después cocino algo. Me devuelve un poco de lo que he perdido. Sigo siendo yo, y sigo teniendo mi cultura. Sé lo fuerte que soy y que estaré bien.

~Mónica Divane

5

Duelo y compasión

La compasión es una compañera sorprendente en el viaje del duelo, y una que podemos no darnos cuenta de que está ahí hasta que asoma su delicada cabeza con suavidad. El duelo puede conseguir que seamos más compasivos con el dolor de los demás, e incluso más protectores de otras personas que estén haciendo luto. La compasión también sirve como recurso para nosotros mismos cuando el viaje se vuelve difícil. La necesitaremos cuando experimentemos la torpeza de la gente, bienintencionada o no, mientras intentan apoyar o acortar nuestro proceso de duelo. Pero, sobre todo, la necesitaremos para nosotros mismos.

El duelo es agotador. Ya sea reciente o por una pérdida más lejana en el tiempo, hace que las cosas más sencillas nos parezcan más difíciles. Olvidamos obligaciones. Se nos pasa hacer tareas domésticas. No nos acordamos de los cumpleaños de nuestros seres queridos o de ocasiones especiales. Simplemente, no estamos tan presentes para las personas de nuestra vida. A veces incluso podemos hacerles daño. Aprendí que una persona de luto puede hacer daño a los demás no a través de mi propio duelo, sino por el de una amiga.

Hace años, una amiga y hermana de aquelarre sufrió dos enormes pérdidas en cuestión de pocos meses. Yo me volqué por completo en nuestra amistad (¡hola, codependencia!), dedicaba todo mi tiempo libre y espacio mental a intentar apoyarla. A su vez, yo me encontraba en una dinámica complicada con un ex. Cuando esta amiga empezó a salir con él, me puse furiosa. Cómo se atrevía, pensé. Después de todo el cariño y lo que me había preocupado por sus sentimientos, ¿le daba igual que a mí aún me importara algo ese hombre…, aunque nuestro noviazgo técnicamente se hubiera terminado? Me sentí tan traicionada que le dije cosas feísimas y la aparté de mi vida. Siempre que ella intentaba retomar el contacto, le respondía con brusquedad. Otras amigas intentaron que entendiera su punto de vista, pero me negué a escucharlas.

Un par de años después, llevé a cabo un ritual depurador de luna nueva sobre mí misma. No tenía ninguna intención en especial, solo quería soltar lo que ya no me hiciese falta. El ritual consistía en pasar tiempo en silencio en la bañera con un montón de sal marina en el agua. Llevaba bastante tiempo sin pensar siquiera en mi antigua amiga. Pero a la mañana siguiente, ahogué un grito cuando me desperté con una dolorosa revelación.

«Si una persona hambrienta robara comida de tu plato, ¿la condenarías?». Juro que oí una voz decir: «¿Dirías que te ha traicionado, especialmente si no pensabas comerte esa comida?».

«Por supuesto que no», respondí mentalmente. Tal vez no me gustara la idea de que me robaran la comida, pero no condenaría a una persona hambrienta por hacerlo. Mi amiga estaba hambrienta de cariño, de placer y de una pizca de felicidad después de tantísima pérdida. Halló eso durante un tiempo con mi ex. Obviando por un momento el hecho de que referirme a un antiguo interés romántico como «mío» era incorrecto (ninguna persona pertenece a nadie más que a sí misma) y de que este antiguo interés amoroso tenía su propia responsabilidad en esa situación, reconocí que, aunque mis sentimientos eran válidos, mi amiga no era una persona egoísta ni me había traicionado. Era una persona afligida que necesitaba consuelo emocional al igual que alguien hambriento necesita comer. Aunque yo estaba en mi derecho de alejarme de esa amistad y priorizarme, ella no se merecía las palabras crueles que le había dedicado.

Antes de que la cafetera terminara de preparar el café esa mañana, le envié un correo electrónico y le pregunté si podíamos vernos, aparte de decirle que comprendía que no quisiera quedar conmigo. Ella accedió y, cuando nos vimos, aceptó mi disculpa con elegancia. La vida nos ha llevado por distintos caminos desde entonces, pero jamás olvidaré aquella lección. Si pudiera vivir la situación de nuevo, me gustaría pensar que habría puesto un poco de distancia entre nosotras mientras ella exploraba su nueva relación, pero no me habría mostrado grosera. Le habría deseado lo mejor y, tal vez, le habría pedido que me concediera el espacio que yo también necesitaba. No la habría tachado de mala amiga ni la habría acusado de traicionarme. No había sido una traición, sino una forma de manifestar el duelo.

Oye, tú, sé amable contigo mismo

Tal vez te enorgullezcas de ser el que siempre lo arregla todo, ya sea en tu familia, grupo de amigos, comunidad mágica u otro lugar. Pero probablemente te des cuenta de que no tendrás la energía mental o física necesaria para hacerlo mientras lloras tu pérdida. No pasa nada. Tienes derecho a no hacerlo. Quizá hagas cosas que causen que te denomines a ti mismo «mal amigo». No pasa nada. Ya habrá tiempo para compensar a los demás cuando te hayas adaptado a tu nuevo mundo. El duelo ocupa un espacio enorme en nuestro corazón y mente, y hace que funcionemos como los antiguos ordenadores con demasiada información en sus discos duros. Iremos más lento. Perderemos el ritmo.

Repite conmigo: «Estoy de luto. Y no pasa nada».

Cuando empecé en la brujería, un dogma que solía repetirse mucho era: «No hagas daño a nadie». Esta idea está cayendo en gran desuso hoy día entre los brujos por muchas razones, aunque una de ellas es porque no es posible. Lo queramos o no, es probable que hagamos daño a alguien con nuestros actos. Algunas veces es incluso necesario para sobrevivir. Yo como carne, lo cual es dañino para los animales que como. Y aunque fuese vegana, haría daño a las plantas que consumiría. Hago daño a la maleza cuando la arranco de mi jardín, pero se hace porque la gran mayoría es invasiva y daña a las especies nativas de cada región. Hago daño al planeta cuando uso mi coche, pero es necesario cuando quiero hacer la compra o visitar a mi familia. Como bruja, he maldecido y echado maleficios. Mi elección de maldecir o embrujar se ha debido principalmente a evitar que otros me hagan daño a mí, a mi familia o a otras personas. Suelo tener mucho cuidado de no usar la magia por celos o cuando me han dañado el ego. Y dejando a un lado la magia, intento no decir cosas hirientes cuando estoy enfadada o cansada. Sin embargo, soy humana y ocurre. He dicho cosas muy feas por culpa de estar enfadada o cansada, y he lanzado maldiciones cuando realmente no había ninguna amenaza contra mí. He intentado responsabilizarme de mis actos y enmendar mis errores luego. Los errores ocurren. Así es la vida.

Como bruja, un código que sigo es el de minimizar el daño que causo siempre que sea posible —intencionado o no— y responsabilizarme de él. Cuando lloramos una pérdida, puede venirnos bien recordar un dicho que suelen usar mucho en los programas de autoayuda: «Las personas heridas hieren a otras personas». Mientras lloramos, podemos hacer daño a los demás. Como no somos capaces de estar plenamente presentes para nuestros seres queridos, ellos podrían sentirse ignorados o abandonados. Tal vez perdamos los papeles más fácilmente porque el límite de nuestra paciencia ha bajado. Quizá no seamos conscientes del tono de voz que usamos ni de cómo respondemos a los demás. (¿Recuerdas lo cruel que fui con mi amiga por su decisión de hacer dieta?).

Si eso te suena, sé amable contigo mismo. Tu comportamiento mientras estés pasando un duelo no es un defecto, sino un síntoma del dolor que sientes.

¿Y la compasión hacia los demás?

Muchas tradiciones espirituales describen la compasión hacia los demás como un elemento crucial en la evolución de la persona y del alma. Sin embargo, en la comunidad de brujos no se habla mucho sobre la compasión, aunque bien nos vendría. Acaparamos el tiempo hablando sobre bloqueos, escudos, poner límites, etc., aunque todo eso también tiene su lugar, por supuesto. Muchos estamos más versados en hallar formas de separarnos de aquellos que nos desafían que en desarrollar compasión hacia ellos. Tal vez se deba a traumas religiosos, ya que algunas tradiciones nos animan a perdonar de forma incondicional a todo tipo de agresores, lo que provoca que no sanemos nuestras heridas o nos deja más vulnerables a más daño. Como los brujos rara vez animamos a otros a perdonar o a sentir compasión por aquellos que nos hacen daño, lo que hacen muchos es poner distancia por defecto. Repito, esto a veces también es necesario, particularmente si necesitamos alejarnos de personas maltratadoras o con las que simplemente no nos llevamos bien. Pero la falta de compasión también puede desembocar en crueldad, retraimiento, la destrucción de comunidades de brujos y en una lucha constante por cerrar capítulos y pasar página.

La compasión no va de excusar el comportamiento hiriente de los demás ni de permitir que nadie se salte nuestros límites. La compasión puede ser muchas cosas, pero sobre todo es acordarse de que los demás cometerán errores; no porque sean malas personas, sino porque *son* personas. La compasión nos recuerda que no debemos tomarnos las acciones de los demás de manera personal.

Aun así, sentir compasión por los demás mientras lloramos una pérdida puede resultar difícil. Ya estamos emocionalmente agotados de por sí. Intentar mostrar compasión por los demás durante esos momentos puede volverse abrumador. Sin embargo, ser compasivo con los demás, incluso cuando más afligidos nos sentimos, puede aliviar nuestro duelo, y no implica que estemos desechando nuestros sentimientos ni permitiendo que los demás nos hagan daño.

Poco después de mi aborto, tenía una amiga embarazada que aprovechaba cada oportunidad para compartir conmigo los detalles de su embarazo: su emoción, sus planes, y más. Traté de ser amable con ella con todas mis fuerzas. Estaba mostrándome compasiva con ella, ¿verdad? Traté de convencerme de que mi amiga estaba emocionada y solo quería compartir su viaje conmigo. Me repetí que probablemente sintiera que compartiendo su felicidad me estaba dando esperanza por mi propia situación.

Aunque intenté con todas mis fuerzas reconocer sus buenas intenciones, cada detalle que me contaba me recordaba lo que había perdido. Al final terminó volviéndose demasiado, así que le expliqué que, aunque estaba muy feliz por su embarazo, oír tantos detalles me dolía mucho y que necesitaba un descanso. Pesarosa y comprensiva, me prometió que lo entendía y que me tomara todo el tiempo que necesitase.

Sin embargo, al día siguiente recibí un correo electrónico invitándome a su *baby shower*. No sabía si había elegido invitarme después de nuestra conversación, ignorando mis sentimientos por completo, o si no había revisado su lista de contactos antes de enviar las invitaciones. Me sentí destrozada. No solo estaba procesando el recordatorio de que yo no iba a tener ninguna *baby shower*, sino que ahora también me sentía ignorada e incomprendida. Cuando le confesé a otra amiga que me había dolido recibir esa invitación después de haberle explicado mi situación, me dijo: «Solo quiere que te sientas incluida. Su intención no ha sido hacerte daño».

Sí, ya sabía que mi amiga embarazada no lo había hecho con mala intención. Pero ¿por qué tenía yo, estando inmersa en un duelo, que comprender a la amiga que me había hecho daño, aunque con buenas intenciones, en vez de ella intentar entender mi situación? Estas personas con buenas intenciones —mi amiga embarazada y la otra amiga que estaba intentando ayudarme a ver «el otro lado de la historia»— simplemente agravaban mi dolor.

La gente espera que las personas afligidas «lo superemos» o «pasemos página» y que aceptemos amablemente las opiniones hirientes de los demás, sobre todo cuando van con buena intención. Nosotros, los dolientes, sabemos que están tratando de ayudar. Sabemos que tienen buenas intenciones. Sabemos que es difícil para ellos vernos pasarlo mal. Lo sabemos. *Lo sabemos*. LO SABEMOS. ¿Pero sabes qué? Los sentimientos de los demás, los malentendidos o errores en su forma de actuar respecto a nuestra situación no son problema nuestro.

Otra cruel verdad sobre el duelo es que las personas que más quieren ayudarnos son también las que probablemente más daño nos harán. La gente no sabe qué decir. Tal vez recurran al trillado comentario de «todo pasa por algo». Quizá desaparezcan. Si son brujos, incluso pueden decir que han recibido un mensaje del espíritu sobre nuestra situación. Quieren colmarnos de esperanza. Y, en cambio, solo consiguen echar sal a nuestra herida.

Durante los primeros días después de nuestra pérdida, muchos me preguntaron por mensaje si me podían llamar. Yo les decía que sí y acordábamos una hora. Cuando esa hora llegaba, no obstante, no siempre me encontraba con la fuerza necesaria para descolgar. Aunque ver su nombre aparecer en la pantalla a menudo era lo único que necesitaba. Resultaba que no siempre necesitaba hablar. Simplemente necesitaba saber que los demás estaban ahí.

Pero hubo unas cuantas personas de mi vida que literalmente desaparecieron. Eran personas que habían estado conmigo en todos los momentos importantes de mi vida, pero cuando aquello tan desgarrador ocurrió, no estuvieron ahí. No me llamaron, ni recibí ninguna carta o mensaje de ellos. Cuando los veía en llamadas de Zoom o en eventos sociales, hacían como que no eran conscientes de mi pérdida, aunque sabían lo que había sucedido.

¿Importa que unas cuantas personas desaparezcan de nuestra vida cuando los necesitamos cuando tantas otras nos apoyan? Nuestro impulso es decir que no y autoconvencernos de centrarnos en todos los que están más que en los que no, pero en las relaciones la lógica de los números rara vez funciona. Cientos de cartas de conocidos no llenan el vacío que deja un viejo amigo ausente.

Los silencios y las desapariciones pueden agravar el duelo. Si hemos pasado una mala racha con un amigo o familiar y luego vivimos una pérdida, podríamos pensar (o esperar) que esa pérdida nos acercará. O podríamos averiguar que no. Que no van a volver. Y podríamos empezar a preguntarnos si les importamos. Tal vez caigamos víctimas del resentimiento, pensando en las veces que nosotros hemos estado para ellos, y sintiendo, tal vez, que nuestro apoyo no es recíproco. Vernos ignorados por nuestros seres queridos cuando lloramos una pérdida es una herida difícil de cerrar, aunque lo más probable es que no nos estén ignorando.

Es posible que haya otra razón:

No saben qué decir: muchas veces las personas desaparecen porque sencillamente no saben qué decirnos en nuestro duelo. Tal vez son conscientes de los comentarios incómodos que suelen decirse en estas situaciones y no quieren arriesgarse a soltar uno sin querer. Podrían pensar que es mejor desaparecer que meter la pata.

No se dan cuenta de lo importantes que son para ti: estas personas podrían no ser conscientes de lo mucho que las valoras y no tienen ni idea de que su ausencia te resulta dolorosa.

Quieren darte espacio: mucha gente desea espacio cuando está de luto, y algunos podrían incluso pensar que desaparecer de la vida de esa persona es lo correcto. Es un concepto complicado. Aunque bastantes personas que acaban de sufrir una pérdida necesitan espacio, hay formas de demostrar apoyo sin agobiarlas. (¡Las cartas de condolencias probablemente se inventasen por esta razón!). En el peor de los casos, inclinarse por «darles espacio» es la salida fácil. Implica menos esfuerzo para la persona que desaparece y los hace parecer más comprensivos.

A su vez, puede ser que las personas que desaparecen durante los malos momentos realmente crean que es lo mejor que pueden ofrecerte. Tal vez a ellos personalmente les guste estar solos cuando lloran. A lo mejor no confían en que su presencia vaya a ayudarte. Quizá simplemente no sepan qué hacer. Desaparecen porque no creen que su presencia vaya a serte de ayuda. Tal vez no sea cierto, pero ellos podrían no saberlo.

Están esperando a que tú acudas a ellos: cuando le dije a una de mis amigas ausentes que me dolió no saber nada de ella durante esos primeros días, me dijo que estaba esperando a que yo acudiese a ella. Le preocupaba que, si me escribía y estaba teniendo un buen día, eso me fuera a recordar la pérdida y a ponerme triste. No se le ocurrió pensar que era imposible que me recordara la pérdida, ya que era algo que jamás podría olvidar, y que no hay días buenos después de una pérdida tan grande.

Eso de «estar esperando a que tú acudas a mí» es otro concepto complicado, ya que, de nuevo, el esfuerzo recae sobre la persona afligida. No obstante, a veces nuestros seres queridos realmente están esperando que les mandemos una señal. Aunque no es nuestro trabajo mandarles ninguna señal, su ausencia no necesariamente equivale a que no les importamos.

Lo más probable es que ya supieras todo esto y no necesites un recordatorio: las personas que están pasando por un duelo no son tontas y conocen las flaquezas y defectos de sus seres queridos. Sabemos que tienen buena intención.

Sabemos que lo están intentando. Sabemos que muchos están esperando que los eduquemos en cómo ayudarnos mejor. Pero cuando ciertas personas desaparecen, podemos empezar a reconsiderar cuál era nuestra verdadera relación con ellas.

Tal vez seas una persona que quiera mucho espacio y a quien no le importe la distancia. O, por el contrario, anheles la compañía de los demás cuando estás llorando una pérdida y la ausencia de seres queridos te resulte especialmente dolorosa. Muchos prefieren algo intermedio. El proceso del duelo cambia constantemente y lo que podríamos necesitar un día, puede ser radicalmente distinto a lo que queremos al día siguiente. Quizá no queramos hablar todos los días, o ver asiduamente a la gente. Pero a muchos nos gusta saber que la gente estará ahí cuando nos sintamos preparados para disfrutar de su compañía. Algunas personas no estarán, y otras tratarán de convencernos de que no nos lo tomemos a mal. «Simplemente no saben qué hacer...» es lo que probablemente oirás, y sí, tal vez sea verdad. Pero eso no hace que duela menos.

La compasión no va sobre no «tomarnos a mal» las acciones de los demás, sino de darnos un espacio mejor para sanar.

El duelo nos vuelve más compasivos de manera natural. Tal vez nos fijemos en que nos vuelve más comprensivos al dolor de los demás, o nos encontremos defendiendo a aquellos cuyo dolor ignora la gente. Parte de ese aumento de compasión ocurre cuando los demás, sin querer, pisotean nuestros sentimientos. Como somos más abiertos y sensibles durante el proceso, somos capaces de reconocer cuándo nuestros seres queridos están tratando de ayudarnos de corazón, pero igualmente las heridas provocadas por las buenas intenciones de las personas no desaparecen, sino que permanecen.

- Sonreír, asentir e ignorar comentarios inútiles como «Están en un lugar mejor», «El universo tiene un plan» o «Ellos no querrían que estuvieras triste».
- Dar espacio e información a «*voyeurs* de tragedias», como cuando el típico compañero del instituto con el que llevas años sin hablar de repente te manda un mensaje preguntándote por los detalles sobre la inundación que ha destrozado tu casa y tu ciudad. «Y... ¿a qué altura llegaba el barro? ¿Cuánto tuviste que esperar en el tejado?». Tal vez te prometa que solo quiere ayudarte, pero es evidente que le fascina tu historia y solo quiere llamar la atención contándosela a otros. Estas personas quizá estén ahí para escuchar todos los detalles morbosos sobre tu trágica pérdida..., pero serán las últimas en ayudarte a seguir adelante.
- Aceptar energía, mensajes u otros regalos «espirituales» de gente para «ayudarte» cuando ni los has pedido ni los quieres.
- Asistir a reuniones sociales por obligación cuando no estás preparado porque no quieres herir los sentimientos de la persona amable que te ha invitado.
- Escuchar o consolar a la persona que hace que tu pérdida esté relacionada con ella. «No tienes ni idea de lo dura que ha sido tu ruptura para mí... Me encantabais los dos como pareja...».
- Fingir que todo va bien cuando tu amigo íntimo que desapareció después de tu pérdida regresa a tu vida como si eso jamás hubiese ocurrido.

Subconscientemente, muchos tendemos a quedarnos callados cuando hieren nuestros sentimientos. Nos animan a ser educados, a evitar los conflictos, y (otra vez) a entender el punto de vista de la otra persona. Muchos podemos malinterpretar esto con ser compasivo cuando realmente es intentar que los demás no se sientan incómodos a costa de nuestra propia comodidad.

Hacer ver a los demás su comportamiento hiriente o hacerlos sentir incómodos es un acto de compasión en sí. Si la otra persona realmente quisiera ayudar, ¿no querría saber cuál es la mejor manera de hacerlo?

La compasión hacia los demás podría ser así

- Decir: «Sé que no va a malas, pero oír que "está en un lugar mejor" [o lo que sea que te hayan dicho] me hace muchísimo daño».
- Sé consciente de con quién compartes información. Ignora a los «*voyeurs* de tragedias» y no alimentes su comportamiento problemático, o incluso respóndeles con un «gracias por tu preocupación, pero no me apetece compartir esa información». También puedes bloquear a estas personas durante un tiempo… ¡o para siempre!
- Responde: «Gracias por invitarme, pero necesito más tiempo antes de ser sociable otra vez. Te avisaré cuando esté preparado para que me añadas a futuras listas de invitados».
- Decirle a la persona a la que le está costando sobrellevar tu pérdida: «He oído que lo estás pasando mal, pero yo no estoy en posición de ayudarte. Lo más probable es que otro amigo pueda ayudarte mejor, o incluso un profesional de la salud mental».

- «Sé que no era tu intención hacerme daño, pero me ha dolido mucho no saber de ti en tanto tiempo».

Todas estas cosas podrían describirse como «imponer límites sanos», y sí, es cierto. No obstante, saber imponerlos es en sí mismo un acto de compasión, tanto para otras personas como para nosotros mismos.

A su vez, es posible que en ese momento no tengas la energía necesaria para educar a la gente sobre cómo tratarte durante tu duelo. Recuerda, llorar una pérdida consume una cantidad ingente de energía. Aunque no estés pensando en ello todo el tiempo, te drena igualmente. Después de sincerarme con mi amiga embarazada y recibir la invitación a su *baby shower* de todas formas, no me encontraba con energía para explicarle por qué no quería ir… o por qué su decisión de invitarme (aunque había sido con buena intención) me había hecho daño. En cambio, elegí darme espacio y me alejé de ella. No asistí a la *baby shower*, y cuando un mes después ella acudió a mí en busca de consejo acerca de otro asunto, le dije amablemente que no estaba bien y que debía acudir a otra persona. Le aseguré que me preocupaba por ella, pero que, por la salud de nuestra amistad, y de mi persona, necesitaba tiempo. Ella aceptó mi petición y seguimos siendo amigas hasta hoy.

Hay compasión en la decisión de distanciarse de la gente que nos agota mientras estamos de luto. Podríamos hablarles mal. Podríamos tacharlos de ser insensibles y horribles. O podríamos tomar la decisión compasiva de reconocer que, aunque tenían buena intención, no son personas que necesitemos a nuestro alrededor ahora mismo. Distanciarse de relaciones que te gustaría preservar es un gran acto de compasión y un regalo maravilloso para ti y para las personas en tu vida, ¡sean ellas conscientes o no!

Por supuesto, esto no es ningún modelo perfecto. No encaja en todas las situaciones. Una triste verdad sobre el duelo es que también puede sacar a relucir la crueldad de los demás. Hay personas que se ríen del dolor ajeno. Lo minimizan de forma deliberada o incluso pública. He visto a personas de nuestro propio aquelarre publicar en redes sociales que cierta persona «se merecía» pasar por el dolor que estaba pasando. Por muy enfadada que yo haya podido estar con otras personas —y por mucha gente con la que haya estado en desacuerdo— ni siquiera se me pasa por la cabeza ridiculizar, avergonzar o aplaudir públicamente el dolor de alguien. Por muy mal que me caiga, soy capaz de reconocer cuándo está pasándolo mal y ofrecerle la compasión y el respeto que se merece.

Aun así, hay otros que se aprovechan de eso para hacerles daño. Si te ocurre, podría resultarte beneficioso tener compasión con ellos más adelante. Tal vez veas su comportamiento cruel como el resultado de su propio trauma, una enorme falta de comprensión o cualquier otra cosa. El duelo es capaz de desencadenar el dolor de los demás. A veces las personas que han perdido algo o a alguien pueden ser las más crueles con los demás dolientes. Tal vez sepas y comprendas todo esto, pero *no tienes* que ser la «mejor» persona en esa situación. Si alguien es cruel contigo después de tu pérdida, tienes todo el derecho del mundo a sentirte enfadado, asustado, triste y demás. Aunque no creo que esta deba ser la respuesta por defecto ante cada conflicto, hay veces en las que no hay más salida. Tienes derecho a bloquear o apartar de tu vida a alguien si su comportamiento es excesivamente cruel. Por tu bien, no te enzarces en una pelea sobre por qué mereces tu duelo. (Lo más probable es que pelear sea lo que esa persona esté buscando de ti). Aléjate si puedes. Apóyate en aquellos que sepas que estarán ahí para ti.

Llorar una pérdida alrededor de otros es tomar decisiones constantemente: decidir si compartes tu viaje y con quién, a la vez que te ves expuesto a salir malherido por culpa de aquellos con buenas intenciones que no saben cómo tratarte mientras estás de luto. También te encontrarás en la tesitura de tener que decidir qué relaciones mantener, de cuáles tomarte un descanso y, a veces, cuáles quieres cesar definitivamente. No todas las relaciones sobreviven a un duelo, y no tienen por qué. La decisión de cuáles mantener y cuáles romper depende solo de ti, pero recuerda ser compasivo contigo mismo cuando las tomes. Necesitar un cambio de aires después de tu pérdida no te hace ni mala persona ni cruel.

El resentimiento no te protege

El resentimiento es el cruel compinche del duelo. Aparece sin invitación y nos susurra al oído que no solo somos los únicos que lloramos una pérdida, sino que el resto del mundo es feliz y nosotros no. De hecho, el mundo no deja de *demostrarnos* que es feliz. Lo hace a propósito, solo para hacernos sentir peor.

Al menos así nos sentimos nosotros.

El duelo puede hacer que nos tomemos las cosas de forma personal, sobre todo con temas que no tienen nada que ver con nosotros. Poco después de nuestra pérdida, otra amiga embarazada publicó en Twitter: «Sé amable con las mujeres embarazadas de nueve meses. ¡Están SUFRIENDO!».

Me cabreé. ¿Cómo se atrevía a quejarse de estar embarazada de nueve meses? ¿No sabía la cantidad de personas a las que les encantaría estar en su situación? Aunque ella no tenía ni idea de que yo había perdido a mi bebé hacía poco, me ofendió que se quejara en una plataforma donde yo podía verlo. «Tal vez no estés sufriendo tanto como alguien que acaba de perder a su bebé...», empecé a responder antes de eliminarlo.

¿Estaba mal que mi amiga compartiera su historia? Por supuesto que no. ¿Su dolor era real? Sí. ¿Lo había publicado para hacerme daño? No. Al duelo y a su compañero, el resentimiento, les encanta restregarnos que los demás son felices, y por eso nos entristecemos. El duelo quiere que creamos que hay un número finito de bendiciones en el mundo, que algunos pierden para que otros ganen. Empezamos a culpar a otras personas, conscientemente o no, por ser felices mientras nosotros lloramos, como si fuesen responsables.

Pero no es verdad.

Incluso en nuestro duelo, mi marido y yo tuvimos momentos felices. Nos fuimos de viaje. Queríamos a nuestro perro y a nuestros gatos. Teníamos una casa chulísima. Seguimos teniendo nuestras desavenencias, pero somos tontos y graciosos y disfrutamos genuinamente la compañía del otro. A veces publico en redes sociales algo divertido que hemos hecho juntos o algo gracioso que ha dicho él. ¿Va con la intención de hacer daño a aquellos que se sienten solos, que están divorciándose o que son infelices en su relación? Por supuesto que no. Incluso tú puedes estar leyendo esto y no sentirte bien haciéndolo, pero yo no he escrito nada de esto con la intención de provocarte dolor. La brujería nos recuerda que, aunque todos estemos conectados, las realidades múltiples existen. Mi amiga puede estar feliz de tener un bebé, pero infeliz por estar de nueve meses. Al mismo tiempo, yo puedo estar triste por mi propia situación y no empatizar mucho con su queja, y también reconocer que su comentario no era una ofensa deliberada hacia mí. Lo que trataba de recordarme a conciencia era que mi bebé no murió porque el suyo viviera. El universo no concede un número limitado de bendiciones. No sufrimos porque otra persona esté feliz, al igual que no somos felices porque otra persona esté sufriendo.

A su vez, no tienes que obligarte a sentirte feliz por otros que están pasando por un momento de dicha mientras tú estás lidiando con una pérdida. Si estás viviendo una ruptura dolorosa, no tienes que asistir a la boda de tu amiga ni a su fiesta de aniversario. Si acabas de perder a tu padre o madre, tal vez no te apetezca mucho hacer algo por el Día de la Madre o del Padre, o incluso tampoco te apetezca oír la discusión que ha tenido alguien con su padre o madre vivo. Pero para nuestra propia sanación, debemos recordar que la gente no es feliz *porque* nosotros estemos pasando por un duelo. No están presumiendo de su celebración expresamente para nosotros.

El duelo quiere que creamos que los demás actúan así de felices frente a nosotros a propósito. Aunque sería genial que solo les pasaran cosas buenas a los demás cuando nos encontramos mejor en nuestro proceso de duelo, es imposible. El mundo sigue y le pasarán más cosas a otra gente, tanto buenas como malas. Tomarse la dicha de los demás como una afrenta personal agrava el duelo y produce más dolor. Es añadirle sal a una herida ya de por sí dolorosa.

Recordar que otras vidas y dichas existen mientras lloramos una pérdida es, en sí, un gran acto de compasión. No hay que ser amable a costa de nuestros propios sentimientos.

No tenemos que participar en celebraciones de otros si no estamos preparados, pero podemos evitar el resentimiento consciente hacia la felicidad de otras personas. La compasión elimina ese dolor que hace que nuestro proceso de duelo sea más complicado. No todo el mundo sabe por lo que estamos pasando. No están intentando hacernos daño al vivir su vida. A decir verdad, podría haber más dolor en sus vidas de lo que creemos.

Cuando dejé de estar enfadada con los dioses lo suficiente como para acudir a su altar, mi plegaria por las mañanas simplemente era: «Ayudadme a ser amable con los demás hoy. Y también a serlo conmigo misma».

Cuando era cruel conmigo misma me culpaba por las pérdidas que había vivido, reproducía en mi mente las partes más terroríficas de esas pérdidas y discutía con mi yo del pasado. También rememoraba los comentarios hirientes, aunque con buena intención, de los demás y mantenía discusiones hipotéticas con aquellos que podrían decir comentarios trillados e hirientes... algún día. Entonces me recordaba que los demás también eran humanos. Cuando aún me costaba pedirles a los dioses cualquier mínima cosa, me di cuenta de que podía seguir pidiéndoles compasión para los demás, además de para mí misma.

El duelo es duro. Nos merecemos que nos traten con amabilidad, tanto los demás como nosotros mismos. El resentimiento es un espacio emocional muy fácil en el que caer, pero al final termina haciéndonos más daño. La compasión nos ayuda a reconocer y a desarmar ese resentimiento cuando aparece, ofreciéndonos más espacio para centrarnos en procesar nuestro duelo.

Rituales de compasión: aire y fuego

Dependiendo de tus necesidades, esta serie de rituales puede ayudarte a abordar las distintas áreas de tu vida que presenten necesidades diferentes.

Un ritual para comunicar tus necesidades usando el poder del aire

Considera purificar tu hogar con humo de romero, lavanda u otra hierba purificadora y sanadora que te resulte accesible. Usa el humo para purificar tu hogar y librarte así ideas equivocadas y palabras no deseadas. Si no estás seguro de cuáles son tus necesidades, usa el humo para ayudarte a esclarecer cuáles podrían ser. Un ensalmo para esto podría ser el siguiente:

Vientos sanadores, yo os saludo.
Aire purificador, yo te abrazo.
Susurros y murmullos, no os temo.
Palabras de consuelo, brindadme cambio.

Cuando el humo se haya dispersado, plantéate recoger parte de los restos de las hierbas que has usado para purificar tu casa y llévalos contigo en un saquito cuando salgas a la calle.

Si vives en un lugar en el que no puedes usar humo, tienes alergia o simplemente no quieres humo en tu casa, empapa unas cuantas plantas usadas comúnmente para purificadores de aire (como la lavanda, el romero o el cedro) en un bol de agua y rocíalo por tu casa, o espacio cómodo, para crear el mismo efecto deseado.

Un ritual para controlar la ira usando el poder del fuego

Cuando sientes tanta rabia que eres incapaz de centrarte en otras cosas, puede que haya llegado el momento de dirigir esa rabia hacia otra dirección. Se suele decir que la ira es una forma de protección frente a una herida, y que la ira es una consecuencia natural de la pérdida y el duelo. Lo difícil no es extinguirla de forma automática, sino afrontar esa ira y mirarla con atención, comprender de dónde viene y todas sus partes. Al igual que el fuego, la ira es más útil cuando la dirigimos hacia algo en concreto. Cuando le damos rienda suelta, al igual que el fuego, puede consumirnos a nosotros y a aquellos que nos rodean. Cuando entendamos mejor lo que alimenta nuestra ira, podremos guiarla para poder usarla en nuestro beneficio en vez de dejar que nos consuma.

Cuando estés preparado para afrontar tu ira, toma una vela (de llama o a pilas) y llévala a tu espacio mágico o privado. Enciéndela.

Habla con la llama. Haz una lista con las cosas que te enfadan, estén relacionadas con tu pérdida o no. No trates de justificarte ni de explicar tu ira. No es el momento de incluir: «No debería enfadarme, pero...». Al igual que no hay reglas sobre lo que «debería» o «no debería» arder, en el viaje del duelo tampoco hay reglas sobre lo que «debería» o «no debería» enfadarte.

Tras haber conversado con la llama durante un rato, imagina que clavas las cosas que te enfurecen a la llama. ¿Qué aspecto tiene la ira cuando está fuera de ti? Ahora que la has visto, ¿qué quieres hacer con ella? ¿Qué acciones quieres tomar? ¿Hay algo en especial que quieras hacer que vaya a consolarte? Repito, esto no necesariamente debe tener por objetivo deshacerte de la ira. La ira te abandonará cuando esté preparada. Básicamente, el objetivo es simplemente observar tu ira desde otra perspectiva.

Deja que la llama siga ardiendo mientras piensas en lo anterior. No dejes la llama desatendida. Cuando se haya consumido, agradece a sus restos el apoyo ofrecido. Si escribes un diario, esta sería una gran ocasión para anotar tus reflexiones y observaciones sobre tu ira.

Culpa y vergüenza

La culpa crece en la pérdida, al igual que la maleza se abre paso a través de los ladrillos y el pavimento. Cuando nos quedamos sin personas a las que culpar, nos culpamos a nosotros mismos. Cuando nos hemos quedado sin motivos por los que culparnos, culpamos a los dioses. El orden de esos sucesos podría variar.

Un par de meses después de perder a nuestro bebé, por fin estaba en un punto de mi viaje en el que me sentía cómoda hablando de los pasos que debíamos seguir: cómo mi marido y yo podríamos reconstruir nuestra familia, además de cerrar ciertas vías que habíamos decidido no explorar. Compartí mis pensamientos con una amiga, y ella malentendió lo que estaba tratando de decir. Me dio un largo consejo profundamente doloroso y desconsiderado, aunque bienintencionado, que sentí más bien como una puñalada en el estómago. Colgué la llamada temblando y corrí hacia la cocina, pero estaba demasiado afectada como para hablar siquiera. Mi marido estaba fregando los platos y trató de comprender lo que acababa de suceder, pero yo lloraba tanto que fui incapaz de explicárselo. Él es enfermero, así que me miró con el ojo clínico de alguien del ámbito médico, pero yo no quería que nadie me observara. No sabía qué necesitaba. Antes de la pérdida, podría haber hallado consuelo en uno de los muchos altares de nuestra casa, pero no entonces. Aún sentía a los dioses y a los ancestros muy lejos y vacíos. Las paredes volvían a asfixiarme, y sentía tanta rabia que temía que fuese a empezar a romper las cosas de nuestro querido hogar.

Salí en plena noche y me senté en el césped húmedo.

Antes de nuestra pérdida, solía hacer ofrendas cada mañana a los espíritus de la tierra en forma de agua, arroz, semillas, quitando las malas hierbas invasivas, replantando plantas locales o simplemente estando presente y maravillándome con la belleza de un nuevo día. Después de la pérdida, ese fue el único ritual que no había dejado de hacer. En esos rituales no les pedía a los espíritus terrenales nada en especial, y aquella noche no fue diferente. No les pedí ni paz ni sanar. No intenté hacer desaparecer mi ira ni formular palabras para explicarla mejor. Simplemente me quedé sentada en aquel espacio natural y respiré.

Si el duelo fuese un proceso limpio y lineal, podría haber etiquetado esa noche como el momento en que regresé a la brujería, pero no habría sido verdad. Durante aquella noche fría y enfurecida, seguía sin estar segura de la presencia de los dioses, de la eficacia de la magia o del sentido que tenía adorar a los ancestros. Pero hallé un momento de consuelo en el mundo natural. Salí de una mente llena de pensamientos revoltosos y me calmé con el ritmo tranquilo del planeta. Si ser una bruja significa algo, es eso.

No volví a practicar brujería esa noche, pero por primera vez desde nuestra pérdida, pensé que podría seguir siendo una bruja.

«Cuando las dificultades persisten»

Veo que luchas, y que también te esfuerzas.
Veo que en silencio te quedas, tratando de no molestar a nadie.
Para darte un descanso,
Sin recordar cómo, intentas reír.
Ante comentarios no deseados, intentas sonreír.
Rezas por volver a soñar otra vez
y poder dormir.
Pero noche tras noche te veo pasear,
Dar vueltas en la cama, mirar al techo y suspirar.
Pese a las dificultades, solo quieres volver a vivir,
Ponerte de pie y seguir.
Te veo.

~Courtney Weber

6
El duelo sin respuestas

Respuestas.

Uf.

El deseo de hallar respuestas es la razón por la que la mayoría de mis clientes buscan una lectura del tarot. Algunas preguntas típicas son: «¿Por qué se fue?», «¿Por qué falleció?», «¿Obtendré respuestas algún día?». Otras son más directas, como «¿Podré pasar página algún día?». Este tipo de preguntas me da escalofríos y a la vez empatizo mucho con ellas. Le he preguntado lo mismo a mi baraja del tarot muchas veces, ya sea para mí misma o para otras personas. Mis ganas de hallar paz para con esa pérdida me han mantenido en vela bastantes noches. Desearla es algo más que nos vuelve humanos.

Los seres humanos ansiamos respuestas. Hemos creado religiones e ideologías en torno a esa búsqueda de respuestas a preguntas tan vagas. Algunos incluso defienden que los dioses son una mera invención humana para responder a la dolorosa pregunta de «¿por qué ha pasado?».

Cuando perdemos, queremos que sea por algo. El dolor debe de tener un motivo. Es demasiado fuerte como para que no tenga ningún significado. Muchas religiones se amparan en el «Ha sido una obra divina», y en la comunidad de brujos suele achacarse enseguida al «destino». Nuestra pérdida es más fácil de aceptar si hay una razón. «Están en un lugar mejor», «Te mereces una pareja mejor», o la que menos me gusta: «Así lo han dispuesto los dioses». Oír esos comentarios o tópicos puede resultar exasperante, pero cuesta menos aceptar que hay un propósito mayor conectado a nuestra pérdida que la posibilidad de que no haya absolutamente ninguno. Es más difícil aceptar que nuestra pareja simplemente no nos quería lo suficiente como para quedarse con nosotros, que el fallecimiento de esa persona ha sido al azar, o que en el trabajo no se nos valoraba lo suficiente y por eso nos han despedido. Debe de haber una razón, ¿verdad? A menudo creemos que hallar ese propósito nos permitirá pasar página y que es la clave para sanar.

No hay nada de malo en querer cerrar un capítulo, pero una de las cosas más dolorosas es que rara vez se da la ocasión de hacerlo de forma natural, si es que se da siquiera. Cuando mi última relación se terminó, no dejé de soñar que mi antigua pareja me llamaba a través de un teléfono con cable como el que tenía de pequeña en mi casa. En el sueño gritaba: «¡¿Por qué? ¿Por qué? ¿Por qué?!». Él me respondía, pero su voz se entrecortaba demasiado como para entender lo que decía. La llamada siempre se cortaba al final del sueño, sin yo recibir respuesta.

«Madre mía», me dijo mi psicóloga a la vez que trataba de contener la risa cuando se lo conté. «Eso lo explica todo».

El sueño solo me estaba transmitiendo una dura realidad: jamás sabría por qué nuestra relación se había acabado. Cuando rompimos, me dio una larga lista de excusas típicas por las que la gente suele cortar una relación: quería otras cosas, necesitaba centrarse en sí mismo, se había dado cuenta de que tenía que enfrentar cosas de su pasado, etc. En ese momento, no me creí nada. Quería que hubiera una razón mayor por la que nuestra relación se hubiese acabado. Me aferré a la ilusión de que quería estar conmigo pero tenía miedo. Lo diagnostiqué con un montón de enfermedades mentales y creí que, si se las trataba, vería claramente que lo mejor era estar conmigo. Hice muchísimas lecturas del tarot para averiguar si una tercera persona celosa había maldecido nuestro amor. No quería una razón que me explicase por qué había fracasado nuestra relación, sino una que fuese capaz de aceptar. Me dije que solo era para poder pasar página. Y para colmo quería que esa respuesta viniese de él, que él mismo me dijera por qué se había ido… Esa era la única respuesta que por fin podría aceptar sin reservas.

Al final, cuando la espiral del duelo hizo su trabajo y por fin pude ver esa pérdida de forma objetiva, acepté la verdad: simplemente no quería estar conmigo. La verdad había estado ahí todo el tiempo y, cuando por fin estuve preparada para aceptarla, esa aceptación en sí fue el cierre que necesitaba. No vino de él, sino de mí misma.

Unos años después, mientras hacía una lectura del tarot en un evento en la ciudad de Nueva York, respondí a muchas de esas típicas preguntas que me hacen en esa clase de reuniones: «¿Cuándo conoceré a alguien?», «¿Debería cambiar de trabajo?», «¿Es la persona indicada?». Pero cuando acabó la noche, una mujer joven se acercó a mi mesa. Debíamos de tener una edad parecida, pero en su mirada se reflejaba muchísimo cansancio, como si hubiera pasado por muchas más cosas que yo. Me preguntó: «¿Por qué asesinaron a mis padres?».

Durante años me ha avergonzado la respuesta que le di. Horrorizada por su situación y con miedo a decir algo que la hiciera sentirse peor, me negué a contestar. Le expliqué que mis cartas no albergaban la respuesta al por qué de algo así.

En cambio, le sugerí que pidiese a las cartas ayuda para sanar tras una pérdida tan devastadora. Accedió educadamente, pero por dentro yo me sentí fatal. ¿Había agravado su duelo al no responder a su pregunta? ¿Se sentía abandonada? ¿Era la peor lectora del tarot del mundo? Tras su lectura, recogí el tapete, a pesar de tener programada otra lectura más esa noche. No iba a ser capaz de lidiar con más preguntas en aquel momento. (Un artista del evento, que había oído la pregunta y mi respuesta, me pidió el tapete porque quería usarlo en una obra que estaba creando relacionada con el duelo. Accedí y se lo regalé. Espero que aquel artista me encuentre y me enseñe lo que hizo con el tapete).

Esa noche me fui avergonzada por haber esquivado la pregunta y pensando que podría haberla ayudado más si al menos hubiera intentado dar con esos «porqués». Pero ahora me siento mejor por haber tomado esa decisión. No era asunto mío decirle a esa mujer por qué había sucedido algo tan horrible. No era asunto de nadie. La dura y horrible verdad es que probablemente no hubiera ninguna razón. Sobre todo, porque el proceso de cierre de ese suceso es algo que solo podía emprender ella.

Pasar página es un mito

Que algo sea un mito no significa que sea falso. En el camino de la brujería, muchos consideramos los mitos de los dioses, las plantas, los paisajes y demás, no como algo científicamente demostrado, sino como historias que pueden ayudarnos a entender mejor su naturaleza. Un mito es algo precioso. El poder de una historia es una de las cosas que vuelve a los humanos unos seres maravillosos. No hay rincón en el mundo en el que las historias o mitos no nos ayuden a entender nuestra existencia. Los mitos son transparentes y maleables, y muchos tienen una parte de verdad, pero saber cuál es a menudo resulta todo un misterio. Los mitos solo se tornan problemáticos cuando se tratan como verdades irrefutables, como cuando las sectas cristianas en Estados Unidos se aferran a la historia de la creación de la Biblia como un hecho demostrado e ignoran los orígenes científicos del mundo. Usan estas creencias para influir en la educación pública. Si no permitimos que los mitos sigan albergando esa naturaleza inspiradora y, en cambio, tratamos de convertirlos en hechos irrefutables, entonces es cuando se vuelven opresores y peligrosos.

Aun así, la creación de mitos es tan natural para los humanos como las ganas de pasar página tras un hecho traumático. Queremos entender el por qué. Muchos de nosotros aborrecemos los *spoilers* en las películas y los libros; queremos ser nosotros los que veamos el final con nuestros propios ojos. Yo confieso que empecé a hacer lecturas del tarot para averiguar en qué desembocarían ciertas situaciones, sobre todo si me inquietaban. Cuando sufrimos una pérdida, ansiamos las respuestas del por qué ha sucedido. Cuando no las conseguimos por parte de otros, las creamos a través de las historias.

Las historias nos ayudan a encontrarle sentido a cosas confusas u horribles. Y, desde luego, también buscamos oír historias que den sentido a nuestra pérdida. Quizá nos inventemos un gran mito sobre ella para otorgarle un significado, deseando a su vez que sea cierto. Sin embargo, es igual de perjudicial para una religión cambiar el plan de estudios de un colegio según un mito que quieren convertir en real, que para nosotros intentar demostrar que esa historia que nos hemos inventado es cierta. Es posible que parezca darnos el cierre emocional que ansiamos, y tal vez pensemos que así hallaremos la paz, pero sería como mantenernos encerrados en una jaula, esperando que alguien abra la puerta... habiendo tenido la llave en la mano todo ese tiempo.

No todos los mitos están basados en hechos, y no todas las pérdidas tienen explicación. La mayor y más dura certeza sobre lo que implica pasar página es que las respuestas jamás vendrán del exterior. Solo nosotros tenemos la llave para cerrar esa puerta.

Un ejercicio para honrar una pérdida con la que no te hallas en paz

Escribe la historia de tu pérdida de la forma más objetiva posible, usando las mínimas opiniones y descripciones posibles. Imagina que un ordenador está describiendo los sucesos, por ejemplo: «La persona descrita como "pareja" duerme y se lava los dientes en una casa distinta» o «Una mujer de noventa y cinco años dejó de respirar, su corazón se detuvo y todo signo de vida cesó».

Ahora escribe sobre tu pérdida como si fuera un mito. Redáctalo de forma tan fantasiosa como quieras. Por ejemplo: «Un galante príncipe galopó con la reina de las nieves y ahora viven en un palacio de hielo» o «Una puerta a otra dimensión se abrió en la habitación del hospital. La abuela se bajó de la cama, se arregló el pelo y la cruzó».

No le des un final a la historia. Vívela sin un final. Observa su belleza sin un «porqué».

Intenta leer ambas versiones en voz alta, para ti o para alguien en quien confíes, en un espacio sagrado.

Permítete sentir, o no sentir, lo que te plazca. Repito, no es momento de juzgar o analizar la situación o tu forma de responder a ella, si es que respondes siquiera. Simplemente observa en qué punto del proceso estás.

Después, crea un espacio que permita que tus sentimientos fluyan. Por ejemplo: escucha una lista de reproducción a la que le tengas cariño mientras lloras; pasea mientras estés enfadado; cocina algo delicioso; o limpia parte de tu casa si te sientes inquieto.

Prueba a realizar este ejercicio varias veces; escribe la historia de formas distintas y sin incluir el porqué. Simplemente vive la historia sin un claro final. Seguirá siendo poderosa sin él.

Incluso aceptándolo, los mitos siempre contienen una parte de misterio. La verdad de mi ruptura fue que él no quería estar conmigo. El misterio es que no sé la razón. Pero ni quiero ni necesito saberla. He pasado página no porque mi historia la confirmara mi expareja, sino porque la creé y la acepté por mí misma.

Las pérdidas ambiguas: un tipo de pérdida muy cruel

Una pérdida ambigua quizá ansíe un cierre más que cualquier otra. Una pérdida ambigua, o sin definir, es una experiencia incómoda, y por desgracia muy común, que no recibe la atención suficiente. Un ejemplo es cuando alguien nos «ghostea»; es decir, cuando un interés romántico o un amigo de repente desaparece de tu vida, no contesta tus mensajes, se muestra respetuoso pero distante en espacios públicos o quizá ni siquiera te dirige la palabra, y tú no sabes por qué. La persona sigue viva, pero ha dejado de formar parte de tu vida.

Otras pérdidas ambiguas pueden ser los tratamientos de fertilidad infructuosos. Aunque no exista una pérdida oficial por la que hacer luto, el mero hecho de lo que podría haber sido ya merece su propio duelo. Otro ejemplo podría ser alguien que sigue físicamente vivo pero sufre una enfermedad como la demencia senil o el alzhéimer, o que debido al consumo de sustancias nocivas ya no es como era antes.

Una de las pérdidas ambiguas más desgarradoras es cuando un ser querido desaparece y se presupone que ha fallecido. Escribo esto en un momento en el que han pasado once meses desde que una antigua amiga mía fue vista por última vez. Se presupone que ha fallecido, pero no hay forma de saberlo con certeza y, por lo tanto, cuesta procesar esa pérdida. ¿Debemos celebrar un funeral a pesar de no haber cuerpo? ¿Debemos mantener la esperanza, aunque sea ínfima, de que aparecerá? ¿En qué momento yo, como bruja, debo añadirla a mi altar de ancestros? En estos y otros casos, el dolor puede parecer un vagón parado en mitad de una montaña rusa justo antes de subir la primera cuesta. Estamos asustados y atascados. Sabemos que el dolor de verdad llegará cuando la pérdida se confirme, pero ¿qué hacemos con esa anticipación tan desgarradora? ¿Podemos llorar sin que realmente se haya confirmado la muerte? ¿Cómo pasamos página si no se ha confirmado la pérdida? En momentos como esos ansiamos desesperadamente un cierre, aunque parezca muy lejano y remoto.

Muchos brujos y brujas creen en algo que denominamos «plano astral». La definición varía entre las diversas tradiciones y filosofías, pero una acepción clásica es la de «un lugar de encuentro espiritual compuesto por los espíritus de personas, animales, plantas y seres interdimensionales». Algunas de esas almas pertenecen a seres fallecidos, otras van de camino a su nacimiento o reencarnación, y el resto son seres vivos que entran en el plano astral durante sesiones de meditación o incluso sueños. El plano astral también es, entre otros, un lugar donde podemos conectar con gente viva con la que quizá no seamos capaces de hablar estando despiertos. El plano astral puede adoptar una apariencia distinta para cada persona. Para mí suele aparecer en forma de parque de atracciones junto al mar. En sueños me he topado con muchísimos amigos allí que después me han confirmado haber soñado algo similar en torno a la misma hora. A veces lo veo como un prado amplio; otras, como un bosque oscuro. En algunas ocasiones es una simple sala blanca sin muebles, sonido ni nada. En el plano astral he mantenido conversaciones con gente con quien no habría podido hablar despierta, ya fuera por la logística o por la distancia, o porque las cosas entre nosotros estaban demasiado tensas como para mantener una conversación productiva en la vida real.

Conectar con la gente en el plano astral puede resultar extremadamente sanador durante una pérdida ambigua. Es una versión más profunda y espiritual de «escríbele una carta, pero no la mandes», cosa que también tiene su mérito, pero para mucha gente no es tan satisfactorio. Queremos vivir la experiencia de expresar lo que pensamos y sentimos en presencia de la persona que queremos que lo oiga. Si no podemos hacerlo en persona, podemos hacerlo en espíritu.

Un ejercicio para explorar el plano astral

Si recuerdas lo que sueñas, piensa en los sitios que visitas de forma recurrente. Algunos de los sitios más populares pueden ser los aeropuertos, las autopistas, los túneles o incluso los centros comerciales. Otros, la casa de tu infancia, un prado, un palacio o algún lugar fantástico. Algunas personas sueñan que van a una biblioteca o al espacio exterior. Si tienes sueños recurrentes en un lugar concreto, tal vez ese sea tu punto de acceso al plano astral.

Si no recuerdas lo que sueñas, dedica tiempo a meditar o imagina cómo sería tu lugar de encuentro espiritual. Quizá te encanten los bosques e imaginarte en un bosque soleado o nevado te funcione. Si te encantan las bibliotecas, imagínate una que tu alma lectora adore. Puede ser grande y majestuosa o diminuta y acogedora, como una salita de estar con una chimenea encendida. No hay opciones incorrectas.

Cuando tengas esa imagen en mente, ya sea de un sueño o de tu imaginación, vete a un lugar tranquilo y cómodo y dedica un rato a pensar en ese sitio. A muchos brujos les gusta ir a su espacio sagrado, por ejemplo, junto a sus altares. A mí también me ha ido bien en la cama, en un avión o en el coche (obviamente no mientras conduzco). En cuanto estés ahí, llama a la persona o personas con quien quieras hablar. Una vez los veas en tu mente (o, en caso de que te cueste visualizarlos, te imagines la sensación de su presencia física), abre tu corazón. Deja que todo salga. Ya sean palabras amables o crueles, de rabia o de pena, o simplemente de agotamiento; describe tus sentimientos, confusión o cualquier otra cosa. Si se trata de un fallecido de quien no te has podido despedir, puedes contarle a esa persona todo lo que te gustaba de ella y lo mucho que la echas de menos, o incluso mencionar algún asunto inconcluso o incómodo. Esto último es un buen ejercicio para aquellas personas que siguen vivas, pero con quienes ya no nos es posible hablar.

Elijas lo que elijas y sea donde sea, muéstrate lo más abierto y sincero posible. No te contengas ni seas muy educado. Di lo que necesites decir. Pregunta lo que quieras. Tómate tu tiempo y escucha, pero no obligues a la visión de la otra persona a contestar. Simplemente ábrete a lo que te cuente, quizá te sorprenda. Puede que no diga nada ahora y quizá sueñes con su respuesta en otro momento o la recibas de otra forma, en una lectura o a través de la sincronicidad.

Repite el ejercicio varias veces, sobre todo si hay mucho dolor o la relación fue larga, ya que puede haber muchas cosas de las que quieras hablar con la otra persona. Puedes hacerle las mismas preguntas y demostrarle los mismos sentimientos varias veces. Es tu proceso. Repítelo todas las veces que consideres necesario.

No uses esos momentos para desearle dolor y sufrimiento a la otra persona, por mucho que te los haya causado a ti. Los maleficios tienen su lugar, pero este ejercicio en concreto tiene por objetivo ayudarte a sanar, no darle su merecido. Por muchas razones que haya para maldecirla, hacerlo antes de sanar puede provocar un caos espiritual. En primer lugar, quizá te sientas tan agotado por el dolor que la maldición no surta efecto. En segundo lugar, es posible que maldecir te mantenga conectado al objetivo y tal vez lo mejor sea que te separes energéticamente de esa persona. En tercer lugar, puede que tus sentimientos (aunque válidos) den pie a que elabores una maldición que quizá cause algunos desajustes notables en tu propia vida, que luego precisen trabajo personal o mágico adicional para corregirlos. Una buena norma para este ejercicio es que sanes primero. Si aún sientes la necesidad, ya maldecirás a esa persona más adelante.

A través de este ejercicio, transmitirás tus sentimientos y preguntarás lo que necesites, lo que ayudará muchísimo a tu proceso de sanación y a darle una conclusión a esa pérdida ambigua. Sin embargo, si prefieres hablar en persona y es posible, ¡hazlo! Este ejercicio es bueno para cuando no es posible o viable mantener una conversación cara a cara con la otra persona.

Una pérdida, aunque propiciada por nosotros, sigue siendo una pérdida

Cuando rompí con mi primer novio serio, me sorprendió lo mal que me sentí a pesar de haber sido yo quien había terminado la relación. Pese a saber que sería más feliz sin él, tenía sentimientos encontrados: echaba de menos la familiaridad de nuestra relación, me sentía culpable por el dolor que le había causado al romper con él e incluso sentía celos porque sabía que al final conocería a otra persona. Pensé que quizá no debería llorar por nuestra ruptura porque había sido yo la que la había causado, pero mi duelo fue tan real como válido.

Una pérdida, aunque propiciada por nosotros, sigue siendo una pérdida. Quizá debamos mudarnos por el trabajo de nuestros sueños, pero nos cuesta marcharnos de nuestra casa. O tal vez decidamos romper una relación, pero lloremos no seguir con esa persona. La pérdida quizá sea propiciada por nosotros, pero sigue siendo una pérdida y, posteriormente, nos dolerá.

No podemos eludir el sufrimiento a pesar de ser nosotros quienes decidamos someternos a esa pérdida. Es posible que nos dé miedo el dolor que nos puede causar antes de que suceda y que lo experimentemos en menor medida cuando pase.

Un ritual de agua para prepararte para perder algo por elección propia

Los rituales en bañeras son increíblemente poderosos y sanadores y no tienen por qué ser complicados. Tal vez ya tengas en un armario de cocina varios ingredientes útiles para este ejercicio. Si no, se pueden encontrar fácilmente en un supermercado:

- Vinagre de manzana
- Sal (marina, *kosher* o de mesa)
- Lavanda (un sobre de té de lavanda vale)
- Zumo de limón o limón en rodajas
- Una hoja de laurel (la hoja puede echarse al agua o haberse quemado antes de meterte en la bañera; el humo se usará como purificador)

En cuanto hayas añadido esos ingredientes a la bañera llena de agua, acomódate en ella y céntrate en lo que quieres perder. Si no tienes bañera, coloca los ingredientes en una cazuela con agua. Hiérvela durante unos minutos, cuela las hierbas y deja enfriar el agua hasta que esté caliente o templada. Lleva esa agua (una vez ya no esté hirviendo) a la ducha y úsala para bañarte.

Valora encender una vela. A mí me gusta apagar todas las luces del baño y sentarme solo a la luz de una vela. Da igual cómo te acomodes, tómate el tiempo que necesites para asimilar lo que estás a punto de perder. Si se trata de una relación, valora hablar con la persona en tu mente o en el plano astral y explícale qué estás a punto de hacer y por qué. Si es que vas a marcharte de un lugar, comunidad u otra cosa, imagina una figura (ya sea una persona, animal o ente) que lo represente. No limites tus sentimientos o te reprendas por sentirlos. Este es tu lugar donde llorarlos.

Una vez hayas dicho todo lo que necesitabas decir, deja que el agua se vaya por el desagüe y permítete visualizar a la persona o entidad distanciándose de ti en el agua, en paz.

Este ritual te ayudará a separarte de la persona o situación y también es posible que ayude a la otra parte, a nivel espiritual, a prepararse para tu partida, aunque no sepa que va a suceder.

Pasar página tras la pérdida de una relación

En cierta forma, el fallecimiento de un ser querido es una pérdida limpia. Tenemos un punto de enfoque para nuestro duelo: la persona que ya no vive. Además, es probable que encontremos más apoyo ante una pérdida así. Seguramente otras personas entiendan el sufrimiento por el que estamos pasando después de que un abuelo fallezca, pero ¿cuántos entenderán el complicado dolor que sentimos si la persona sigue viva pero la edad o una enfermedad ha cambiado su personalidad por otra que ya no reconocemos? Bastantes brujos abandonan a sus familias biológicas por culpa de los abusos o los traumas. Aunque esa gente siga viva y técnicamente sea mejor distanciarse de ellos, es posible que perderlos nos duela enormemente. En muchos casos se llora a la familia que nunca se ha tenido.

De muchas formas, una pérdida ambigua implica un proceso de duelo mucho más complicado. Cuando perdemos a alguien que queremos y esa persona sigue viva, es probable que sintamos ira e incluso celos. Quizá compartamos amigos o parientes con la persona perdida y deseemos que otros comprendiesen mejor nuestro punto de vista o se pongan de nuestro lado. Tal vez dudemos de nuestras decisiones, sobre todo si otras personas nos presionan para hacer las paces cuando no queremos. Si ha sido la otra parte la que nos ha abandonado, quizá busquemos la respuesta del por qué. Esas preguntas y sentimientos agobiantes pueden complicar aún más este tipo de duelo ambiguo.

¿Qué significa para ti pasar página?

Cuando mis clientes me preguntan si conseguirán pasar página tras una expareja o un antiguo amigo, o quieren saber la razón por la que ha sucedido algo, les pregunto a su vez: «¿Qué significa para ti pasar página?».

«Pasar página» es un concepto odiosamente subjetivo. Significa algo distinto para cada persona. Para algunos puede implicar una disculpa sincera de la persona que les ha hecho daño, pero ¿se conseguirá alguna vez? Y de ser así, ¿será de corazón? ¿Y si la disculpa tarda veinte años en llegar? ¿Vamos a pausar nuestra sanación durante toda la vida? Y si llega y es genuina, ¿deshará el dolor que ya hemos sufrido?

Otras personas ansían una explicación sincera. En *Kill Bill: Volumen 2*, una de mis películas favoritas, Bill consigue pasar página al inventar un «suero de la verdad», un brebaje que dispara a su antigua pareja en la rodilla y la obliga a explicarle por qué lo abandonó sin poder mentir. Cuando vi la película por primera vez, había pasado poco de mi ruptura y sentí celos de la capacidad de Bill para conseguir esa respuesta por parte de su expareja. Con el tiempo me di cuenta de que la película abordaba el concepto de enterarse de la verdad de esa forma tan fantasiosa porque en la vida real rara vez obtenemos las respuestas que buscamos, por mucho que las pidamos directamente. Quizá la otra persona no quiera contestar o le dé miedo seguir haciéndonos daño. Quizá no quieran parecer el villano o ni siquiera lo sepan. Quizá nos digan la verdad y no sea lo que queremos oír.

Tal vez duela más cuando no hay nada ni nadie que nos conteste. ¿Por qué el incendio ha acabado con mi pueblo? ¿Por qué ha elegido el cáncer a mi padre o a mi madre? ¿Por qué ha elegido la pandemia este año? Son esas respuestas vagas, o la falta de ellas, lo que quizá nos enfade porque lo único que deseamos es pasar página.

Esa sensación de pasar página es algo que creamos para nosotros mismos. Cuando la dejamos en manos de otra persona, ya sea real o imaginaria, no ocurre nunca. Y sufriremos.

Quizá cuando más se cumple esto es cuando perdemos a un amigo. Las amistades a veces acarrean más peso emocional e intimidad que una relación romántica, pero su final puede resultar tenso y un embrollo. Rara vez las amistades se rompen de la misma forma que las amorosas. Lo más frecuente es que la amistad cambie y termine desapareciendo. Un día nos damos cuenta de que ese amigo ya no está ahí, aunque ninguna parte haya dicho «Se acabó». Ahora, con las redes sociales, borrar a alguien o que te borren de la lista de amigos o seguidores es lo que más se acerca a una conversación de ruptura. Y, sin embargo, es probable que siga habiendo preguntas después de zanjar la amistad. La pérdida de un amigo es algo que se subestima muchísimo y se reconoce demasiado poco. El acto de pasar página por uno mismo es más necesario cuando una amistad termina (haya sido propiciado por ti o no) que cuando se rompe una pareja.

Si has vivido esa experiencia, valora llevar a cabo el ritual de agua mencionado antes, aunque la amistad ya se haya roto. O mantén una conversación con la persona en el plano astral. Pero antes de realizar un ritual para pasar página, pregúntate el tipo de conclusión que buscas. ¿Es una amistad que no quieres volver a recordar? ¿Una amistad que aceptarías más adelante en otro momento? Si es la otra parte quien la ha acabado, hazle saber si estás dispuesto a darle la bienvenida de nuevo. Si no quieres tener nada que ver, házselo saber también. Esto puede importar mucho en caso de ya no hablarte con la otra persona.

Recuerda que muy raras veces se obtienen las respuestas que buscamos en una sola conversación, un ritual o un momento. Aunque tuviéramos la suerte de recibir una respuesta sincera al «por qué pasó», no podremos pasar página hasta que decidamos por nosotros mismos que la hemos obtenido. Pasar página puede significar aceptar lo sucedido y que es poco probable que obtengamos las respuestas que buscamos, y que algunas tal vez ni siquiera existan. Ten presente que al igual que los mitos poseen cierto misterio, también habrá misterio en tu historia. Ese misterio es parte de lo que convierte tu historia en algo precioso e intocable. Honrar ese misterio quizá sea el primer paso para pasar página, y pasar página puede ser el primer paso hacia la paz.

(Aviso de contenido: la siguiente sección incluye una referencia a un suicidio. Para saltar la sección, dirígete a la página 159)

Bujería y rendición

El asunto es este... Cuando lidias con algo como el duelo y los traumas, no estoy segura de que la brujería sea el medio correcto en el que apoyarse. La brujería se centra más en controlar el destino, pero hay bastantes veces en la vida en las que hay que rendirse. A veces siento que la brujería funciona más como forma de prevención, quizá una forma de dar apoyo para que, cuando esos momentos inevitables sucedan, seamos capaces de soportarlos mejor. Pero cuando pasamos por un duelo, creo que la brujería no es la mejor solución. Como bruja atea, yo recurro a psicoterapia intensa, trabajos corporales y cosas así. En lo que respecta a los traumas graves, a veces rendirse es justo lo que hay que hacer, y en la brujería eso no se estila mucho. Lo cierto es que depende del brujo, pero creo que debe haber algo aparte de los rituales. Los rituales tratan de decir: «No puedo rendirme, por eso llevo a cabo este ritual». Para mí, rendirse significa contar con un buen psicólogo, pero para otros puede significar arrodillarse y rezar.

Hace más de diez años perdí a la persona con la que mantenía una relación y con la que quizá me iba a casar. La perdí porque se suicidó. Fue repentino y violento. Una muerte violenta es diferente, porque no hay tiempo para despedirse. A veces los brujos hacen comentarios desagradables como «Supéralo» o «Piensa solo en cosas positivas», aunque supuestamente están en contacto con los reinos ocultos. Antiguamente a los brujos se los llamaba «nigromantes». Se creía que contactaban con los espíritus de los difuntos y, sin embargo, muchos brujos modernos no honran esa tradición. No honran ese mundo invisible de los difuntos, lo cual es una pena. Creo que los brujos son criaturas liminales que tratan con la vida y la muerte, con los sueños y la vigilia. De eso va la magia, de estar en los espacios intermedios.

Cuando sucede una tragedia, no hay ningún ritual que ataje el viaje del duelo. No hay ceremonia del té que acelere el proceso. No hay ningún gurú que se lleve el dolor de caminar entre ese fuego. Y llegados a ese punto, los brujos, los ateos y los cristianos somos todos iguales. Somos completamente iguales a nuestros antepasados de hace cien mil años cuando se enfrentaban a un león a punto de devorarlos en la sabana de África. Es fácil ser brujo cuando estamos rodeados de aires acondicionados y cojines mullidos, pero ¿seguirías siéndolo al enfrentarte a un león devorahombres, ya sea de forma literal o figurada? Sinceramente, es entonces cuando serías un brujo de verdad. Mucha gente cree haber perdido su fe durante el duelo, pero vuelven, y cuando lo hacen, es con absoluta profundidad y firmeza.

~Chaweon Koo

7

Los regalos del duelo

«Después de una tormenta siempre sale el sol» es otro dicho bastante poco útil para los que lloran una pérdida. Su significado es básicamente que todas las cosas malas que suceden siempre tienen un lado positivo. Es decir… que perder algo de forma dolorosa tiene su lado positivo. Para mucha gente eso es bastante cuestionable.

De todas formas, ¿qué tiene de bueno que salga el sol? ¿Significa eso que no va a llover más? ¿Hola? Crecí y vivo en Oregón. Que salga el sol normalmente significa que tengo el tiempo suficiente para pasear al perro o sacar la basura. «¡Te doy un respiro! ¡Aprovéchalo bien!», anuncia el despejado cielo. Pero es posible que en mitad del paseo el cielo vuelva a encapotarse, caiga otro chaparrón y termine empapada. Fantástico.

Pero bueno, quizá a ti ese rayito de sol entre tanta nube sí te consuele. En ese caso, ¡perfecto! Pero ¿y si ese rayo de sol no es el regalo de la tormenta? ¿Y si el regalo es la misma tormenta en sí?

A mí me encantan las nubes. Tienen distintas tonalidades: gris profundo, negro, blanco roto o incluso índigo. Prometen darnos un descanso del calor y nos brindan lluvia, a menudo cuando hace tanta falta. Durante los últimos años, los incendios han causado estragos en los paisajes que tanto me gustan y que daba por sentado. Agosto solía ser una época de dicha, un breve respiro de calor y sequía después del invierno y la primavera tan largos y húmedos que tenemos en el Noroeste del Pacífico. Pero los agostos de los últimos años han traído humo, calor intenso y miedo. Nuestras nubes de lluvia, que solían llegar en septiembre, ahora aparecen en octubre. Cuando por fin llegan, nos embarga un profundo alivio, ya que las lluvias sofocan los incendios y empapan el suelo forestal, llenándonos con la esperanza de que al año siguiente el tiempo sea más indulgente con nosotros.

Pero las nubes también producen un trastorno afectivo estacional. La carencia de luz solar durante varios meses seguidos provoca una epidemia de depresión por la zona. Los inviernos largos y lluviosos animan a la gente a resguardarse, minimizando las interacciones sociales y el tiempo fuera de casa, y crean un ciclo de tristeza y letargo hasta que las nubes vuelven a desaparecer en verano.

Las nubes tienen tanto cosas buenas como cosas malas. Tal vez sean una buena metáfora para el duelo. Pero olvídate del rayito de sol. Si el regalo de la nube no es el rayo de sol, sino la nube en sí, ¿podría ser que recibamos nuestro regalo mientras estamos de duelo y no cuando acabe?

¿Qué tiene de bueno el duelo?

Te lo prometo, en esta sección evito hablar de los típicos clichés que ya conoces y que no necesitas oír, como, por ejemplo: «Lo que no nos mata nos hace más fuertes», «La pérdida nos hace apreciar más lo que tenemos», «El duelo solo es la prueba de que hemos amado…». Olvídate de todo eso. De hecho, muchas de esas frases cursis no son ciertas. Sí, no nos ha matado, pero sí que podría habernos vuelto más débiles. Y aunque nos hubiera fortalecido, ¿es eso mejor que la pérdida? ¿Y si somos perfectamente capaces de apreciar y amar las cosas en nuestra vida sin necesidad de perderlas? Aun así, el viaje del duelo —y más siendo una bruja— nos guarda unos regalos sorprendentes.

Los meses posteriores a que mi relación terminara estuvieron llenos de pura rabia; mi furia hacia la persona que me dejó era una fuente de dolor constante. Nunca había sentido una ira igual. Ni siquiera sabía que fuera capaz de enfadarme tanto. Sinceramente, la profundidad de esa rabia incluso me asustaba. Y también me dio una lección de humildad. Había bastantes cosas en nuestra relación que no estaban bien y muchas personas cercanas a mí lo sabían. Muchos amigos a quienes había apartado de mi vida porque no aceptaban mi relación volvieron a recibirme con los brazos abiertos, un gesto amable y lleno de compasión que me dio otra lección de humildad. Su amor atravesó los muros altos y egoístas que había erigido a mi alrededor y consiguieron que abriera los ojos a las verdades que no había querido ver. Aunque en el pasado había creído que mi ex y yo compartíamos un amor único, cósmico y predestinado, al final nuestra relación resultó no ser para nada especial. Mi ex y yo no éramos especiales. *Yo* no era especial. Era simplemente otra mujer más en mitad de una relación romántica abocada al fracaso que solo hacía daño a la gente, incluida a mí misma.

Por supuesto, meses más tarde conocí a mi marido. Sería fácil decir que el regalo que me dio el haber perdido mi última relación fue que una mejor iba a llegar, pero la historia no es tan sencilla. Esa ruptura vino al final de una larga serie de relaciones poco adecuadas (y casi cómicas). Inconscientemente había aceptado el hecho de que estaba destinada a que el amor siempre me decepcionara. Aun así, después de la ruptura, dejé de culpar a las personas que había elegido amar y empecé a fijarme en las decisiones que me habían llevado a tales situaciones.

A menudo le digo a mi marido que me alegro de haberlo conocido cuando lo hice. Sinceramente, creo que, si lo hubiese conocido antes de que me rompieran el corazón, nuestra relación no habría salido adelante. No fue el final de mi última relación lo que me llevó a mi verdadero amor. El regalo de esa pérdida vino de la oportunidad de mirar en mi interior y llevar a cabo cambios conscientes, allanando el terreno para que mi amor verdadero triunfara. Decir simplemente que «todo pasa por una razón», con el sentido de que mi destino era perder un amor para encontrar otro, desecha todo el esfuerzo y trabajo que hice sobre mí misma. También desvaloriza los regalos que hallé durante mi duelo.

La pérdida no da premios de consolación

Me mudé a Oregón cuando tenía seis años. Fue a mediados de la década de los 80, justo unos años después de que el monte Santa Helena hubiese erupcionado, pero los enormes montones de ceniza de la erupción permanecieron junto a las autovías sin ningún otro lugar en el que desaparecer. Más tarde, unos preciosos pisapapeles de cristal hechos con esos montones de ceniza aparecieron en las tiendas de regalos. Llegados a cierto punto, mis padres me compraron uno y le colocaron una lucecita, cuyo brillo daba a mi habitación un toque mágico nacido de la destrucción.

Las erupciones volcánicas son un fenómeno natural. Es la forma que tiene la tierra de aliviar su presión. No es un acto intencionado. La montaña no ha erupcionado para darles una lección a aquellos cuyas casas han quedado destruidas o cuyas vidas se ha llevado con sus ríos de lava. Solo estaba siendo un volcán. Pero algunas personas que vivieron ese desastre natural crearon arte a partir de sus restos. El país erigió un monumento dos años después, organizado por geólogos y guardabosques que ahora comparten su conocimiento e información sobre los volcanes. ¿La montaña *tenía* que erupcionar para que la gente creara arte o aprendiera ciencia? No. ¿La gente tenía que crear arte o aprender ciencia *porque* la montaña hubiese erupcionado? Tampoco…, pero lo hicieron. Las consecuencias de esa pérdida crearon una oportunidad. Bastantes personas aprovecharon esa oportunidad, y muchísimas cosas bonitas sucedieron.

Un dato importante relacionado con la ceniza del monte Santa Helena: las obras de arte que he mencionado antes nacieron gracias a la gente que recolectó ceniza de sus jardines, tejados o zonas públicas cuando todavía abundaba, justo después de la erupción. Aún se puede ver ceniza en el monumento y en los alrededores del volcán, pero es fundamental que los visitantes *no* se la lleven, puesto que es una parte crucial del ecosistema de la región y necesaria para la regeneración de la tierra. Si visitas el monumento o la región que rodea el volcán, no la toques.

Idea para tu diario: ¿Qué crece en el nuevo espacio?

Has perdido algo o a alguien, ¿qué puede crecer en el hueco que han dejado? Si has cortado una relación, ¿hay música que tu ex odiara y que ahora puedas escuchar sin sus quejas? Si has perdido a un amigo, ¿es hora de probar esas cosas nuevas que nunca le interesaron, como hacer senderismo o apuntarte a un club de trivia? Tras el fallecimiento de un ser querido, ¿te sientes atraído por sus aficiones o gustos? ¿Tal vez poseas un talento que nunca has explorado porque te parecía que era más «algo suyo»? Escribe una lista, larga o corta. Valora poner un cronómetro y sigue añadiendo cosas a esa lista hasta que la cuenta atrás se acabe.

No tienes que fingir que lo que has ganado es mejor que lo que has perdido. Algún día tal vez lo veas de esa manera, pero también es posible que nunca suceda. No tienes por qué. Aunque, como tienes esta oportunidad, ¿qué puedes hacer con ella? No te flageles por hallar un poquito de felicidad en las oportunidades que te brinda el duelo. Eso no significa que no quisieras a la persona o cosa que has perdido. Tampoco pasa nada si las oportunidades no te emocionan. El objetivo de esto no es encontrar felicidad donde no la hay. Simplemente estás intentando darle uso a la lluvia y a la ceniza.

¡Oye! ¡Míranos, aún haciendo lo mismo!

Algunas pérdidas pueden insuflarnos un coraje enorme, aunque no ocurre en todos los casos. Si tu pérdida vino a consecuencia de un evento traumático, eso podría haber creado miedos nuevos e importantes, dependiendo de cómo aconteciera. Si perdiste a alguien en un accidente de tráfico, a lo mejor no te apetece conducir durante un tiempo, o nunca..., pero a la vez podrías sentirte con el coraje suficiente como para enviarle esa novela cubierta de polvo en tu cajón a una editorial. ¿Qué es el dolor de un rechazo comparado con el dolor de tu pérdida?

Otro regalo que me dio el duelo por mi última relación fue dejar de sentir miedo por que me rompiesen el corazón. En relaciones anteriores, me daba miedo amar plenamente porque temía que, si me rompían el corazón, mi vida se acabaría. Pero cuando me rompieron el corazón, mi vida continuó. Seguí respirando. Caminando. Comiendo. Riendo. Profundicé en mi interés por la brujería. Sobreviví al desamor y, como ya no me daba miedo, tuve el coraje de abrir mi corazón al verdadero amor de mi vida... y casarme con él.

Nunca sabremos de qué estamos hechos hasta que nos enfrentemos al duelo. No estoy fetichizando la resiliencia, que es otra forma de intentar denegar el duelo, pero a través de él podemos descubrir cosas nuevas sobre nosotros mismos, incluido quiénes somos y lo que queremos.

Los regalos que recibes al alejarte de una comunidad

Lo más probable es que durante tu viaje por la brujería encuentres una comunidad y al final termines marchándote de ella. Antes de la pandemia esto pasaba continuamente cuando las desavenencias y los problemas logísticos rompían las comunidades. La comunidad de brujos está llena de personas heridas emocionalmente y, aunque no somos un monolito, es típico que la gente acuda a la brujería después de pasar por un trauma familiar o en una comunidad anterior. Somos una mezcla de personas marginadas, extrañas y raras. Eso tiene muchas cosas positivas y, francamente, es la compañía que prefiero mantener. Por desgracia, también puede provocar situaciones en las que esas partes nuestras que no han sanado choquen las unas con las otras. La gente suele acudir a las comunidades de brujos con expectativas poco realistas de lo que estas pueden hacer por ellos, como ser la familia que nunca han tenido, un espacio en el que sanar todas las heridas que han sufrido, o tener únicamente experiencias positivas y reafirmantes con todos los miembros de la comunidad. Asimismo, las comunidades de brujos a menudo tratan de serlo todo para sus miembros: familia, terapia, guías espirituales o incluso organizaciones caritativas, ofreciendo comida y ropa. Aunque son objetivos muy nobles, rara vez una comunidad, espiritual o no, va a contar con la infraestructura o la formación adecuada para satisfacer todas las necesidades. Prometer y luego no cumplir es un problema extremadamente común en el mundo de la brujería. Esto lleva a un montón de gente quemada, decepcionada y resentida. Las comunidades sufren y a veces se vienen abajo por completo.

También pasa que incluso en las mejores comunidades no hay espacio para todos. Puede haber estilos de vida, creencias personales o personalidades que choquen entre sí. Aunque es algo natural, puede ser profundamente decepcionante para las personas que ansían conectar con otras personas parecidas a ellas. La pandemia separó a las comunidades de brujos todavía más, ya que puso fin a muchos de nuestros queridos festivales, reuniones y eventos. Muchos de ellos han regresado, pero no todos.

Ya sea por elección o por causas ajenas, es muy probable que al menos una vez en nuestro camino de brujería perdamos la comunidad que una vez tanto amamos. Puede ocurrir poco a poco y dejar buenos recuerdos y amistades, o suceder de forma dramática, con tensión y sentimientos heridos. Sea del modo que sea, resulta doloroso.

Yo dejé mi comunidad por voluntad propia. Estaba cansada. Decir que había puesto todo mi esfuerzo y más por el bien de la comunidad se queda corto. Durante un tiempo, había sido mi vida entera. En términos de prioridad, se encontraba por delante del trabajo, la salud y todo lo demás. Me agoté. Mi salida recibió una gran mezcla de respuestas. Algunas personas me apoyaron y me comprendieron; otras tuvieron miedo y se sintieron abandonadas. Unas pocas se enfadaron. Yo no me fui enfadada, pero al principio me alivió poder disfrutar del tiempo que había ganado para mí misma y mi marido. No obstante, el duelo finalmente me afectó. Echaba de menos tener un propósito, y a la vez estaba de duelo por el tiempo que le había dedicado a la comunidad. ¿Cuántos libros más podría haber escrito si no hubiese pasado tantas noches planeando rituales? ¿A dónde podría haber viajado si no hubiera pasado todo el tiempo organizando eventos y llevando a gente a los festivales? ¿Habría ahorrado el dinero suficiente como para jubilarme un poco antes si no hubiese aportado tanto dinero a la comunidad? Cuando la gente intentó mostrarme cuánto bien había hecho, a menudo le respondía a la defensiva diciendo: «¿Y? ¿Qué más tengo que hacer?». Llevó tiempo, pero los regalos que trajo el duelo terminaron apareciendo. Ahora comprendo mejor mis límites y mis habilidades. El trabajo que había realizado me dio las herramientas necesarias para llevar a cabo nuevos proyectos creativos y gratificantes siendo plenamente consciente y teniendo una mayor comprensión de mis habilidades.

Para muchos, la pérdida de una comunidad puede convertirse en el regalo de dar con la comunidad «adecuada». Si ese es tu caso, ¡maravilloso! Pero, repito, el regalo podría no ser tan sencillo como ese. Tu regalo podría incluir una comprensión mayor de ti mismo y de tus necesidades, regalos que te servirán allá donde vayas y hagas lo que hagas.

El duelo puede nacer de la tragedia y el dolor, pero no solo está hecho de tragedia y dolor.

¿Dónde están los regalos?

Al comienzo de tu proceso de duelo podría ser tentador buscar esos regalos porque, al igual que cuando buscamos pasar página, queremos que nuestra pérdida tenga un propósito. Pero tal y como pasa cuando buscamos respuestas, esos regalos son complicados de encontrar durante los primeros días. Para empezar, podría ser demasiado doloroso pensar que hay siquiera un solo regalo en esa pérdida. Incluso más adelante en nuestro viaje, si buscamos abiertamente esos regalos, también nos arriesgamos a replicar el problemático modelo del duelo en el que lo tratamos más como un problema que resolver que una experiencia natural humana que simplemente debemos sentir.

Un ritual para abrazar los regalos del duelo

Con el tiempo, los regalos del duelo aparecerán. A veces entran de una forma tan natural en tu vida que ni siquiera te darás cuenta de ellos hasta que más adelante eches la vista atrás.

Objetos sugeridos: papel o un lienzo y herramientas de escritura o dibujo (bolígrafos, pinturas, etc.)

Inciensos sugeridos: lavanda, cedro, romero

Instrucciones: escribe una carta de agradecimiento a tu experiencia, explicando bien las cosas que agradeces de tu vida después de esa pérdida. Haz una lista detallada. A lo mejor te resulta más fácil pintar o dibujar las cosas que agradeces en vez de escribir sobre ellas. Eso también vale.

Cuando hayas acabado, pronuncia una oración de agradecimiento sobre el papel. Aquí te sugiero una:

Doy gracias por lo que se ha perdido, por lo que me han quitado, por el espacio que ha quedado, por las nuevas posibilidades que todavía no se me han presentado.
Doy gracias a aquellos que han perdido antes que yo, guiadme y bendecidme con esos regalos, por favor.
Doy gracias a los regalos que ahora no veo, porque sé que llegado el momento por fin los disfrutaré.
Doy lágrimas a cambio de un poco de aire puro.
Que el fuego arda fuerte, y azote sin piedad el mar oscuro.
Que los regalos lleguen libremente y abracen mi corazón en el futuro.

Descubrir los regalos del duelo es un viaje en sí mismo

No es un objetivo que debamos cumplir o una tarea que completar. Cada pérdida tiene un regalo cifrado en su interior, pero encontrarlo no es tarea del doliente, al menos al principio. Si no eres capaz de ver el regalo durante tu duelo, es que simplemente no ha llegado el momento. Cuando estés preparado, el regalo se te presentará por sí solo. Es posible que ahora mismo estés disfrutando del regalo sin ser consciente de ello.

Un ejercicio para ser el tú de ahora que necesitabas entonces

Este ejercicio es mejor llevarlo a cabo cuando hayan pasado al menos tres meses desde tu pérdida.

Imagina que estás sentado contigo mismo justo después de tu pérdida. Observa la expresión en tu rostro: reconoce el dolor, la ira, la desesperación, la confusión, el entumecimiento. ¿Qué te dirías entonces sobre lo que está sucediendo ahora? Consuela a tu yo del pasado. Ten presente que el acto de consolarse a uno mismo en ese momento también te consuela en la actualidad. Crea una historia. Escribe una carta. Pinta. Dibuja. Haz música. Ve fuera y habla con los árboles. Hace muchos años, hablé conmigo misma junto a un lago en una noche de luna llena. Haz lo que necesites hacer para comunicarte con tu pasado tú, el que tiene la pérdida muy reciente. Aquí te dejo mi ejemplo:

«Hola. Tú. Yo. Las personas no son malas. El amor no es falso, pero hace daño a veces y esta te ha hecho daño a ti. Sin embargo, el mayor regalo que ese hombre pudo darte fue alejarse de ti. Ese día rompió un patrón. Te liberó. Escucha, habrá días, meses y años de rabia por delante, seguida por la culpa, y, al final, el duelo, no por el amante que desapareció, sino por el amigo que perdiste. Fue un enorme precio a pagar, y también amargo, pero esta pérdida te hará abrir los ojos para ver dónde te equivocaste y qué patrones deberías cambiar. Te hará entender mejor lo que crees que quieres y, por fin, el amor que realmente deseas. Ahora piensas que tu camino se ha acabado, pero no es cierto. Tu verdadero camino acaba de empezar. Pronto desearás darle las gracias a ese hombre por romperte el corazón. Sí, es un final. Pero no es *el* final. Ahora que sabes que puedes sobrevivir a un corazón roto, no lo temerás como antes».

Un ejercicio para conectar con el futuro tú que necesitas ahora

Hay un futuro tú al que, aunque siga llevando tu pérdida dentro, le ha cambiado la vida tras ella. Esto significa que tu futuro tú tendrá algunos problemas arraigados en esa pérdida, y también que habrá cosas buenas y fortalezas que hayan nacido de ella. Explorar las posibilidades de esas cosas buenas y fortalezas puede ayudarte a colocar tu actual pérdida en un contexto productivo.

Una vez hayas terminado de comunicarte con tu yo del pasado a través de una carta, de una obra de arte o simplemente hablando con una visión de ti mismo durante una sesión de meditación, tómate un momento e imagina a tu futuro yo. ¿Cómo será tu vida dentro de diez, veinte, treinta años? ¿Cómo habrás cambiado tras la pérdida que has sufrido? ¿Qué regalos agradece tu futuro tú?

Sé creativo a la hora de hablar con tu yo del futuro. Si le cantaste a tu yo del pasado, tal vez sea buena idea escribirle al del futuro. Si sientes la necesidad de pintar o dibujar, deja que tu futuro tú tome la iniciativa y te dicte la imagen. No te sientas reprimido en ninguna parte de este ejercicio porque creas que no se te da bien algo (escribir, dibujar, etc.). Nadie lo verá a menos que tú se lo permitas.

Esta es mi carta a mi futuro yo:

«Escribo esto un año después de haber perdido al bebé. La pérdida aún me atormenta y estoy segura de que a ti también de vez en cuando. Pero creo que te ha hecho apreciar más la vida que ahora estás viviendo. Nos ha hecho más pacientes y resilientes. Ya no te da miedo imponer límites a tu tiempo porque no le debes nada al mundo. Sabes que no necesitas trabajar tanto para justificar tu existencia. Espero que ya no te dé miedo la pérdida, pero si es así, espero que tengas la confianza para lidiar con ella».

Un ejercicio para juntar a todas tus versiones

Si quieres, da un paso más y siéntate con ambas versiones de ti, la del pasado y la del futuro.

Imagínate por un momento que has quedado para tomarte un café o un té con tu yo del pasado y del futuro. Usa cualquier método que te venga mejor para crear la experiencia: meditación y visualización, escribirlo como una historia, cantar o reproducir una canción para cada versión, dibujar, etc. Tal vez incluso puedes preparar tres tazas de café o té: una para ti y otra para cada una de ellas. Explora cómo tu yo del pasado podría reaccionar a dónde y cómo estás viviendo ahora. ¿Está impresionada, confundida o incluso decepcionada? Haz lo mismo para tu futuro tú. ¿Qué reconoce ese futuro tú como importante? ¿Qué te diría que deberías ignorar o desechar? Si te cuesta oír o imaginar lo que podrían decirte, no te fuerces. Puede que te venga luego en un sueño o de repente más adelante. Ir poco a poco con este ejercicio garantizará los mejores resultados.

Después de darles a ambas versiones de ti la oportunidad de compartir sus pensamientos, sentimientos y opiniones sobre tu vida en el presente, tómate el tiempo de mostrarles cómo tu pérdida ha propiciado otras oportunidades en tu vida. Tal vez tu última pareja era alérgica a los gatos y no podías tener uno, pero ahora que ya no está, tienes uno y es el amor de tu vida. Imagínate cómo tu pasado tú, que tal vez está llorando la pérdida de una pareja, reaccionaría cuando viera a tu mascota felina. A continuación, gírate hacia tu futuro tú y comparte lo que esperas hacer con las oportunidades que tu pérdida te ha brindado. Tal vez ahora estés llorando la pérdida de amigos y partes de la vida que llevabas antes de tomar un rumbo más sobrio…, pero con el dinero que estás ahorrando al no gastártelo en alcohol u otras sustancias, y una mayor concentración y lucidez, estás planeando comprarte una casa para tu yo del futuro.

Tómate un momento para agradecer a tu pasado tú soportar la pasada pérdida, que te ha dado los regalos y oportunidades que ahora posees. Seguidamente, tómate otro momento para agradecer a tu futuro tú crear las oportunidades para una vida mejor, propiciadas por la pérdida o pérdidas que ambos habéis soportado.

La gratitud hacia los regalos del duelo decaerá y resurgirá

Habrá días en los que agradezcas lo que has ganado y otros en los que te parecerá irrelevante. Los días en los que no te sientas bien por lo que has ganado no significan que esos regalos no hayan sido reales. Entonces sí que lo fueron. Y puede que vuelvan a serlo. El duelo es una bestia que cambia constantemente con las mareas del tiempo. Deja que lo haga. Aunque los regalos hayan estado ahí solo un día, seguirán siendo regalos.

Y más regalos llegarán.

8

Lanzar un hechizo nuevo

A finales del verano de 2020 (el fin de semana del Día del Trabajo para quienes vivimos en Estados Unidos), la zona en la que vivo se vio afectada por un enorme incendio. Pasó muy deprisa. Mi marido y yo fuimos a casa de mis padres para hacer un pícnic en su jardín manteniendo la distancia social. El aire traía consigo un leve rastro de humo, lo cual no es raro a principios de otoño en nuestra parte del mundo, donde muchos granjeros queman hojas en otoño. Sin embargo, hacía bastante viento y, cuando llegamos a casa de mis padres, a las afueras, vimos bastante humo. Para cuando anocheció, el cielo de casi todo el estado se había teñido de un naranja similar al de Halloween, algo que solo había visto en las pesadillas más apocalípticas. Incluso nuestro perro se negó a salir. Unos vientos raros y fuertes habían volcado los tendidos eléctricos al final de una estación seca y brutal y habían provocado enormes incendios forestales por todo el estado.

Jamás había vivido algo así durante mi infancia en Oregón. El cambio climático ha hecho que nuestros veranos sean más calurosos y secos, y un siglo sofocando incendios y evitando las quemas selectivas de los indígenas ha hecho que los preciosos bosques verdes estén llenos de la fajina equivalente a un garaje lleno de periódicos y cajas de cartón con un horno encendido en medio. Los bosques, que han sido el alma de esta región desde que los primeros pobladores vinieron hace casi treinta mil años, estaban ardiendo. Muchos no sabíamos si tendríamos que evacuar o si estaríamos a salvo quedándonos. Todo dependía de hacia dónde soplase el viento.

La semana posterior preparé una ligera maleta de «por si acaso», algo que mis familiares de California llevaban años haciendo y para mí era nuevo. No tuve tiempo de hacer luto por el nuevo mundo en el que quizá me tocaría vivir, en el que tales incendios eran una amenaza constante. Solo podía pensar en las cosas más importantes que debía llevarme: mi acta de matrimonio, los pasaportes, la medicación, el libro de recetas de mi abuela, las cosas de las mascotas, los diarios que había conservado desde pequeña. Llevaba días sin ver el sol porque estaba eclipsado por el cielo naranja, que reflejaba los incendios que estaban acabando no solo con los bosques, sino también con los hogares y las vidas de muchas personas. El aire ahumado olía a caucho quemado y a metal caliente. Intenté no pensar en qué restos podría estar inhalando cuando abría la puerta de la entrada. Mientras paseaba por la casa y decidía qué llevarme, pasé junto a uno de nuestros muchos altares. Miré las estatuas, las ofrendas, los recuerdos... Cosas que antes me habían parecido de un valor incalculable para practicar la brujería.

«No me llevaré nada de aquí», le dije al altar. No era una disculpa, sino una declaración. «Puedo reconstruir todo esto».

Por suerte, no hizo falta evacuar. Al final me sentí lo suficientemente cómoda como para devolver mis preciadas posesiones al lugar al que pertenecían. Sin embargo, el aire seguía estando denso y lleno de humo gris y marrón que impedía que pudiéramos ver el otro lado de la calle. Oregón, que siempre era famoso por su aire puro, tuvo la peor calidad de aire del mundo durante las semanas posteriores a los incendios. Cuando me tumbaba en el sofá de mi casa ni siquiera podía respirar hondo. Fue entonces cuando empezó el duelo.

Aquel no era el Oregón en el que había crecido y tampoco el que le había prometido a mi marido cuando nos mudamos. No se podía respirar aire puro en un estado aproximadamente del tamaño de Reino Unido. Desplazarnos a un sitio con mejor aire supondría un viaje de dos días de camino. Una parte de mí no quería creerlo, quería pensar que era algo puntual que no volvería a suceder. Luché contra el dolor incipiente, por ese mundo que conocía antes del cambio climático y por el mundo futuro del que me habían advertido en clase de ciencias de pequeña, ese que jamás creía que existiría. Seguro que encontraban una «cura» para el cambio climático antes de que se convirtiese en un problema irreversible, ¿no? No. Resulta que ese horrible mundo nuevo ya había llegado.

El duelo nos cambia

Cuando el duelo comienza, nos transforma y ya nunca volvemos a ser los mismos de antes.

A veces los cambios son pequeños, pero otras son tan evidentes que apenas nos reconocemos a nosotros mismos. El dolor también nos cambia como brujos. Fue probablemente al décimo día de respirar ese aire contaminado cuando miré a mi altar y me di cuenta de que ya no era mío.

Yo misma lo había construido cuando vivía sola y me ocupaba de él todas las noches; había hecho magia ahí durante años. Cuando mi marido y yo nos casamos, empezamos un altar «conjunto» y empecé a visitar mi altar cada vez menos. Pero la destrucción de mi región sirvió para darme cuenta de que había perdido la conexión con mi antiguo altar y la mayoría de los elementos permanentes en él. Lo desmonté y se lo ofrecí a la hija adolescente de una amiga que hacía poco había madurado como bruja. Entonces me dirigí al altar que mi marido y yo compartíamos y quité todo lo que antes me había parecido significativo. Dejé las pertenencias de mi marido allí. Coloqué objetos con los que aún mantenía algún tipo de conexión, pero me di cuenta de que no eran muchos.

El fuego y el humo me recordaron la verdad fundamental de que todo lo que necesitaba como bruja se hallaba en mi interior. Los altares y los objetos mágicos eran fácilmente reemplazables. Si hacía falta sacrificarlos a cambio de las vidas de los míos y la mía, lo haría.

Me sentí un tanto culpable y me pregunté si estaba abandonando a los dioses a los que había venerado durante tanto tiempo o si me estaba abandonando a mí misma como bruja, pero aquella sensación pasó. Cuando nos enfrentamos al auténtico poder y a la furia de nuestro planeta, conectamos con nuestros antepasados más antiguos, los que sentían tanto temor por el medioambiente que incluso crearon religiones y tradiciones para apaciguar su ira.

Ya no era una bruja con necesidad de un altar, sino una bruja con necesidad de seguir respirando.

Cómo el duelo cambia la magia

El duelo cambia la magia porque también nos cambia a nosotros. Si la magia es la práctica de cambiar el mundo para encajar con lo que deseamos, esos deseos cambiarán tras una pérdida. Mientras el cambio climático prosigue, nuestros deseos colectivos como brujas también cambiarán. En la época en la que maduré como bruja, el objetivo de muchas era «amor, luz y paz». Muchas usaban la magia para aumentar su prosperidad, amor u otras cosas, pero normalmente buscaban resultados leves y personales. De hecho, muchos brujos siguen con esos objetivos, lo cual es totalmente válido, pero el rango ha variado. Los brujos del mundo usan la magia para combatir la tiranía y lanzar hechizos tanto en pos de la justicia como de la paz. Los brujos usan la magia para sanar el mundo natural y para despertar a aquellos con más poder para influir en esta crisis global antes de que sea demasiado tarde.

Tus ejercicios rutinarios de magia tal vez encajen de forma significativa los días posteriores a tu pérdida, pero para mucha gente el duelo cambia su perspectiva de la magia. Es posible que te sientas atraído hacia nuevas deidades, tradiciones o caminos. A veces, el duelo y la pérdida pueden fortalecer habilidades mágicas latentes, ya sean algunas que hace tiempo que no usas o que nunca supieras que tenías. No obstante, para muchos, aceptar un nuevo camino o poderes llega con el tiempo.

Un ritual para aceptar al nuevo brujo o bruja en tu interior

No vayas a tu altar. Aparta tus herramientas, túnicas, etc. Retorna tu magia a lo básico.

Ve al lugar donde te diste cuenta de que eres brujo, o a un sitio parecido. A mí me sucedió fuera, mientras observaba la luna. Si el paisaje dista mucho del cual en el que resides, crea un espacio similar. Por ejemplo, si tu lugar se encontraba junto al mar y ahora vives en el interior, reproduce sonidos marítimos en el teléfono o en el ordenador. Intenta recordar lo que sentiste cuando te diste cuenta de que eres brujo. Trata de recordar lo mejor que puedas lo que sucedía en tu vida en ese momento: cualquier sorpresa, miedo, confusión o alegría de ese tiempo.

Consagra ese momento y, después, permite que se desvanezca. Si lo ves necesario, valora despedirte de él.

Ahora medita sobre lo que necesitas en este momento. Reconoce cualquier ira, miedo, pena, alegría, etc., sin juzgarlos ni analizarlos. Imagínate en tu forma de brujo adulta, sea cual sea. Tal vez te visualices ataviado con unas túnicas vaporosas o corriendo descalzo por un bosque. O quizá te imagines flotando en una nube en el cielo. O puede que te veas como un remolino de energía colorada. Es posible que te visualices con tu ropa de diario. Todas las opciones son válidas y, recuerda, esto es solo para un momento. No está destinado a conformar tu identidad como brujo para siempre.

Reconoce dónde te han herido, ya sea por una pérdida que hayas sufrido o simplemente como humano que recorre un camino humano. Pregúntale al brujo en tu interior lo que necesita en ese momento. ¿Estar cerca de la naturaleza? ¿Construir un altar nuevo? ¿Cambiar de camino? ¿O incluso dejar de practicar brujería durante un tiempo? Pasa el tiempo que puedas con ese brujo. Si no te contesta de inmediato, no te preocupes. A menudo las respuestas que buscamos aparecen más adelante a través de sueños, momentos de sincronicidad o mensajes por parte de amigos en quienes confiamos u otros cómplices.

No juzgues ni intentes razonar con ese brujo interior. Sigue sus instrucciones para el tipo de brujería que necesitas en ese momento. Ten presente que esa aproximación nueva a tu brujería quizá sea solo temporal y que es posible que vuelvas a practicarla como antes. Aunque también podría ser que el duelo haya abierto un camino mágico totalmente nuevo para ti y esto sea solo el principio.

Ve avanzando en tu viaje paso a paso, sin presiones.

Si estás atascado

Si sientes la necesidad de practicar brujería pero no recibes respuesta o visiones por parte de tu brujo interior, aquí te dejo un ejercicio que puedes practicar hasta que se te aparezca un camino personalizado para ti.

Elige una hora del día. Da igual cuál. Puede ser por la mañana con tu café o té, por la tarde, al anochecer antes de irte a dormir o incluso de madrugada. Si eres físicamente capaz de hacerlo, sal fuera. Si tienes restricciones físicas o de otra índole que te impidan salir, sentarte o permanecer de pie, puedes hacerlo perfectamente junto a una ventana abierta. También ten cuidado. Si el momento que mejor te viene es a medianoche, pero vives en una zona donde salir a esas horas no es seguro, decántate mejor por realizar el ejercicio junto a una ventana abierta.

Si es factible para ti, haz una ofrenda a los espíritus de la tierra en la que vives. Hazlo de manera sencilla y que no dañe el medioambiente. Si durante tu duelo te cuesta creer en el mundo de los espíritus, trata de recordar que todas las cosas están vivas, por lo cual puedes mostrarles reconocimiento y veneración. Algunas sugerencias de buenas ofrendas incluyen agua, alpiste apropiado para los pájaros de tu región, recoger la basura, cantar, rezar o lo que te apetezca.

También puedes llevar esto a cabo en la ciudad. Viví en Nueva York durante trece años y a menudo dejaba ofrendas en los parques o al pie de los árboles. Repito, la ofrenda no tiene por qué ser física. Los rezos, las canciones o incluso inspirar hondo para purificarte y reconocer la tierra a tu alrededor también son una buena ofrenda.

Comprométete a hacerlo diariamente durante treinta días. Para no dejarlo, hazlo de forma creativa. Quizá de camino al trabajo; por ejemplo, cuando vas caminando a la parada del autobús o con la ventanilla del coche bajada. O quizá mientras estás paseando a tu perro. Si tienes la suerte de contar con un espacio exterior junto a tu casa, sal por la mañana mientras esperas a que se haga el café o a que la tetera se caliente. Si tu salud y tu cuerpo te lo permiten, hazlo haga buen o mal tiempo. Una escapada rápida bajo la lluvia, la nieve, el frío o incluso el calor puede hacer maravillas para conectarte con la magia de este mundo. Obviamente, hazlo con cabeza. Si estás enfermo, quédate dentro. Si hay un huracán o un tornado, también. Si hay aviso por la calidad del aire, no salgas. La magia prospera cuando quien la practica supera las restricciones de forma creativa, así que no cometas locuras.

A medida que pase el tiempo, es probable que te percates de que añades más cosas a tu rutina mágica. Quizá saques una carta del tarot después de tu ofrenda o empieces a incluir una oración de agradecimiento por la noche (aunque no estés del todo seguro de a quién estás dándole las gracias ni por qué). Vuelve a lo básico. Honrar el planeta y a los espíritus que te rodean es una forma poderosa de conectar con tu nueva forma de brujo.

Un ejercicio para incluir a tus ancestros

En las buenas y en las malas, la brujería se basa principalmente en conectar con nuestros antepasados. La buena noticia es que hacerlo es relativamente fácil, sea cual sea el trasfondo. Lo complicado viene cuando venerarlos se convierte en un proceso un tanto tenso. Muchos de nosotros no conocemos a nuestros antepasados o bien conocemos a muy pocos de ellos. Si tu familia biológica te ha excluido o maltratado, la perspectiva de conectar con los antepasados puede resultar dolorosa o temible. Tal vez tengamos algunos antepasados problemáticos con los que no queramos tener nada que ver. Sin embargo, no todos nuestros antepasados necesitan ser honrados. Cada uno de nosotros proviene de miles de personas. No todas fueron buenas, pero algunas sí.

No necesitas estar emparentado con todos los antepasados. Si te adoptaron, los antepasados de tu familia adoptiva son tan válidos y pueden apoyarte tanto como los consanguíneos. Si conectas con artistas o figuras históricas que te inspiran, puede que esos antepasados también estén presentes para ti.

Un paso inicial a la hora de venerar a tus ancestros es rezar para que aquellos que vivieron y murieron estén en paz. Si tienes ganas y espacio, erige un altar para tus antepasados con fotos de aquellos a los que querías. Si no los conocías o no quieres conectar con ellos, podrías usar efigies de deidades conocidas por abrir portales a otros mundos, como, por ejemplo, San Pedro, Anubis, Hécate, etc. Deja una ofrenda hospitalaria, como una taza de café o té. Si no te incomoda ofrecer alcohol, el *whisky*, el ron o el vino también funcionan muy bien.

Si tus antepasados entonaban algún rezo que te sepas y no te incomode, valora orárselo. Yo particularmente uso las versiones católica y protestante del padrenuestro, ya que tenía antepasados devotos de ambas tradiciones. Sin embargo, me ha costado pronunciarlas. De pequeña me daba miedo, ya que temía invocar a Dios y que me fulminara por mis pecados. Cuando era una bruja joven, me daba miedo ofender a los nuevos dioses que acababa de acoger. Ahora lo veo como algo reconfortante para mis antepasados, tanto para los que conocía como para los que no, y lo uso como idioma común entre ellos y yo cuando quiero ofrecerles paz. Si no sabes o no quieres pronunciar una oración así, puedes crear la tuya propia. Aquí te dejo una, por si te gusta:

Queridos antepasados, ya sea por consanguinidad o amor,
Todos los que vivisteis bien y fallecisteis con lágrimas de dolor,
Estad en paz, dejad que la luz os guíe.
Que vuestros lamentos desaparezcan y vuestros sueños continúen a través de los que aún viven.

Concluye con el cierre que prefieras, ya sea «que así sea», «ashé», «amén», etc.

El objetivo de este ejercicio es ofrecer paz y sublimación a los antepasados que vivieron y fallecieron bien. El concepto de fallecer bien puede resultar difícil de imaginar, ya que mucha gente que vivió una buena e íntegra vida quizá muriera de forma traumática (en accidentes, en el parto, en la guerra, etc.). Sin embargo, no es la forma de morir lo que determina una buena muerte, sino cómo la recibieron las personas de su alrededor. Si vivieron bien y fueron buenos con los demás en vida, su muerte habría causado dolor a quienes los conocieran; no habría sido un alivio. A eso nos referimos cuando hablamos de una buena muerte.

Elaborar rituales para la paz y sublimación de los antepasados que vivieron y fallecieron bien es un ejercicio dulce y reconfortante que puede ayudarte a regresar al camino de la brujería o forjarte uno nuevo.

Ritual para dar un paso más en el camino de tus antepasados cuando estés listo

Nos identificamos con nuestros antepasados porque sufrieron. En siglos anteriores, cuando las enfermedades arrebataban la vida mucho más rápidamente y el mundo era en general más violento, nuestros antepasados estaban bastante más acostumbrados a las pérdidas. Incluso si eran extrañamente afortunados por librarse de la mayoría de los dolores, eran humanos y, por lo tanto, sufrían por el fallecimiento de sus seres queridos, por desamor, cuando se distanciaban de sus amistades o cuando perdían sus hogares.

Nuestros antepasados son buenos conocedores de la pérdida.

Tras perder a nuestro bebé, a menudo rezaba en mi altar de antepasados en busca de ayuda por parte de aquellos que habían perdido a sus hijos. Aunque no sabía de ninguno que hubiera pasado por eso, ya fuese por enfermedad, accidente, aborto o por haber dado a luz a un bebé sin vida, es algo lo bastante común (sobre todo en generaciones previas) como para que alguien hubiese sufrido una pérdida parecida. Recé a quien le hubiera pasado para que me ayudara a sobrellevarlo. En ese espacio, en el que no sabía con quién hablaba y por lo tanto no podía anticipar respuestas u opiniones, pude entregarme por completo a mi proceso de duelo.

Recuerda que vienes de miles de vidas que sintieron amor, pérdida, sufrimiento, destrucción medioambiental, desplazamiento, separación y demás. No necesitas tener conocimiento de alguna historia específica para saber que existieron. Con haber estado vivo basta. Si conoces a algún antepasado que haya pasado por una pérdida parecida a la tuya, por supuesto que puedes contactar con él o ella visitando su lugar de descanso (si es posible) o colocando una foto en un espacio que le hayas dedicado a tus antepasados.

Ten presente que no todos los antepasados quieren que acudas a ellos para un ejercicio mágico. Varios estarán inmersos en su propio proceso de sanación y otros necesitan descansar. Quizá algunos no se muestren particularmente comprensivos ante tu apuro si tampoco lo han sido en vida. Sin embargo, muchos estarán preparados y dispuestos. Madurar la relación con tus ancestros también es cuestión de ensayo y error. Eran y siguen siendo personas, y las personas no somos perfectas. Algunas personas nos ayudan más durante nuestro periodo de duelo que otras. Con los antepasados pasa lo mismo.

Si no se te ocurre nadie en concreto, pedir ayuda a un antepasado anónimo que vivió bien y se muestre comprensivo con tu situación es una buena alternativa. Dicho antepasado llegará hasta ti.

Valora designar una vela concreta para esos antepasados dispuestos a ayudarte. Cuando la enciendas, será señal de que necesitas hablar con alguien comprensivo al otro lado.

Realiza una ofrenda amable y viable y haz una «señal de ritual» para hacer saber a los antepasados que estás listo para conectar con ellos (por ejemplo, pronunciar una oración específica, encender una vela, ambas cosas o algo distinto). Después, di lo que necesites. Como siempre, usar tus propias palabras resulta más poderoso. Si no sabes cómo, puedes utilizar lo que te propongo a continuación. Modifícalo según tus propósitos.

Más allá de la tumba y al otro lado del velo,
El amor permanece y orientación es lo que anhelo.
Llevo conmigo una gran carga y ayuda requiero.
Abrazadme cuando llore, vuestra guía espero.

Quizá quieras explicarles tu situación. Si te cuesta demasiado describirlo, no te preocupes. Tus antepasados reconocerán la situación y, aunque no, reconocerán tu dolor.

Para agradecérselo, pronuncia una oración o encantamiento para que estén en paz, y no les pidas nada más durante un tiempo.

Quizá sientas una respuesta inmediata por parte de tus antepasados o recibas instrucciones claras después, a través de sueños u otro tipo de momentos poderosos. Tal vez no recibas nada específico aún, pero ten presente que están ahí y que no estás solo en esta situación.

Ritual para «venir aquí y ahora»

Cuando lideraba mi aquelarre, invocábamos a los guardianes elementales de los diferentes cuadrantes, cosa que muchos grupos de influencia wiccana hacen. Acabábamos la oración con un «ven aquí y ahora». Yo también lo utilizaba porque los integrantes de mi aquelarre se sentían muy identificados con eso, pero siempre me parecía raro que ordenásemos a las fuerzas elementales «venir» hasta nosotros cuando eran mucho mayores que nosotros y ya estaban presentes en la lluvia, el sol, el viento y la tierra. Sin embargo, un día se me ocurrió que quizá no estábamos invocando a esos seres con «ven aquí y ahora», más bien estábamos pidiéndonos a nosotros mismos estar presentes y ser conscientes de los seres que ya estaban con nosotros. Éramos nosotros a los que se nos estaba pidiendo que estuviésemos «aquí y ahora».

Esa frase significó mucho para mí cuando reanudé mi conexión con la brujería tras mi pérdida. Más que ordenar a los espíritus o seres que estuviesen conmigo, se trataba de recordarme a mí misma estar presente no solo con la magia a mi alrededor, sino como bruja. El ejercicio de «venir aquí y ahora» me ayudó a reconocer exactamente en qué punto estaba tanto en mi recorrido como bruja como en el del duelo, y a honrarlo sin echar la vista al pasado o al futuro ni pensar en quién o qué «debería» ser.

Cuando estés listo para practicar brujería una vez más, te dejo un ritual para ayudarte a reorientarte con tu nueva magia en esta etapa de tu viaje a través del duelo:

Usando una brújula (la mayoría tenemos una aplicación de brújula en el teléfono), gírate hacia el este. Es recomendable hacer esto en el exterior, pero en el interior también vale en el caso de que no sea posible salir. Céntrate en el aire a tu alrededor: el que respiras, la forma en que el aire acaricia tu piel. Habla contigo mismo, no para invocar a los seres elementales, sino a esa parte en tu interior conectada a ellos.

En Norteamérica, mucha gente asocia el aire con el este, el fuego con el sur, el agua con el oeste y la tierra con el norte. Aun así, se puede apreciar de forma diferente dependiendo de tu perspectiva o ubicación. Cuando vivía en Nueva York, mi aquelarre invocaba el agua en el este, ya que el océano Atlántico estaba a nuestro este; y el aire en el oeste, en reconocimiento de la corriente en chorro que brindaba aire y muchos patrones climáticos a la ciudad. Tómate tu tiempo para meditar qué tiene más sentido para ti y tu región, ya que este es un paso poderoso a la hora de situarte en el aquí y ahora.

El siguiente ritual está escrito usando las asociaciones aire/este, fuego/sur, agua/oeste y tierra/norte. Cambia las asociaciones u orden basándote en tus tradiciones, prácticas o situación.

Mientras miras al este, si te encuentras en el interior, valora abrir una ventana o colocarte ante un ventilador. Si estás en el exterior, ¡mejor aún! Llama al elemento aire con la invocación que quieras. Si no estás seguro o no sabes qué decir, aquí tienes un hechizo de invocación que puedes usar:

Brujo/a interior hecho de aire y aliento,
De la brisa suave y rachas de viento,
De fuertes ráfagas y borrascas tormentosas.
Ven aquí, ven aquí, ven aquí y ahora.

Tras decir esas palabras, fíjate en cómo reacciona tu cuerpo al aire. Respira lo más hondo posible. ¿Cómo sientes el aire en tus pulmones? Ahora fíjate en cómo reacciona tu espíritu. ¿Qué sentimientos o emociones evocan en ti, en caso de que lo hagan? ¿El aire te brinda paz o inquietud? ¿Sientes libertad o tal vez miedo? No juzgues o analices tu experiencia o falta de ella. Solo buscas traer a tu brujo al presente tal y como es.

A continuación, gírate al sur. Valora encender una vela, y si estás en el exterior, una hoguera pequeña y segura. Interactúa con la llama con cuidado. Obsérvala bailar o coloca las manos cerca para sentir su calor. Conecta con el espíritu del fuego diciendo lo que te ofrezco a continuación o una invocación distinta de tu propia elección o creación:

Brujo/a interior hecho de llamas y brasas,
De calor y fervor,
De fiebre y ardor.
Ven aquí, ven aquí, ¡ven aquí y ahora!

Al igual que hiciste con el aire, fíjate en cómo afecta el fuego a tu cuerpo y tu espíritu. ¿Cómo sientes el espacio en torno al fuego cuando está cerca de tu piel? Recuerda mantener una distancia prudencial para no hacerte daño. Dentro de esa distancia segura, ¿cómo se siente tu cuerpo? ¿Sientes un calor reconfortante o más bien incómodo y sofocante? ¿Cómo reacciona tu espíritu al fuego? ¿Te sientes con energía? ¿O abrumado? ¿Te notas fortalecido o más bien exaltado? ¿El fuego incita tu rabia interna? Recuerda, no juzgues ni analices tu experiencia o falta de ella. Simplemente trae a tu brujo al presente tal y como es.

A continuación, gírate al oeste. Si hay algún cuerpo de agua al oeste, como un lago, un arroyo o el mar, ve allí si puedes acceder de forma segura. Si no tienes ninguno o simplemente prefieres llevar a cabo este ejercicio en el interior, puedes usar un cuenco de agua o una bañera llena. Conecta con el espíritu del agua pronunciando el hechizo que te ofrezco o una invocación distinta de tu propia elección o creación:

Brujo/a interior hecho de mar y lluvia,
De lágrimas y sudor,
De brumas y tormentas.
Ven aquí, ven aquí, ¡ven aquí y ahora!

Úngete con el agua y fíjate en cómo afecta a tu cuerpo y espíritu. ¿El agua te parece refrescante o helada? ¿Sientes que te limpia y es tranquilizadora o más bien fría y desagradable? ¿Cómo reacciona tu espíritu al agua? ¿Notas una sensación de liberación o tal vez te sientes expuesto? ¿Te sientes más calmado o vulnerable? ¿El agua conecta con las lágrimas que necesitas derramar? Recuerda, no juzgues ni analices tu experiencia o falta de ella. Simplemente trae a tu brujo al presente tal y como es.

Por último, gírate al norte. Si estás fuera y puedes, puedes agacharte y apoyar las manos sobre la tierra o incluso tumbarte en el suelo para conectar mejor con ella. Si lo prefieres o es más fácil para ti estar en el interior, sujeta una piedra o cristal. Conecta con el espíritu de la tierra pronunciando lo que te ofrezco o una invocación distinta de tu propia elección o creación:

Brujo/a interior hecho de tierra y piedra,
De roca y gemas,
De polvo y hueso.
Ven aquí, ven aquí, ven aquí y ahora.

Si tienes las manos en la tierra, frótate la frente y el corazón con ella. Si estás sujetando un cristal, una roca o una piedra, acércatelo a la frente y al corazón. Fíjate en cómo afecta eso a tu cuerpo y espíritu. ¿Notas frío o más bien un punto de apoyo? ¿Te parece fortificante o desolador? ¿Cómo reacciona tu espíritu a la tierra? ¿Notas apoyo o un posible abandono? ¿Te sientes anclado? ¿O con mucho bagaje? ¿La tierra te ayuda a sentirte más conectado al mundo de los vivos o tremendamente insignificante? Tal vez sientas algo completamente diferente. No juzgues ni analices tu experiencia o falta de ella. Simplemente trae a tu brujo al presente tal y como es.

Ahora colócate en el centro de esos cuatro lugares. Acepta el título de brujo de la forma que sientas más correcta en este momento. Eso tal vez incluya tararear, mecerte, reír o simplemente decir en alto: «Soy un/a brujo/a».

La pérdida a menudo distancia a la gente de religiones o tradiciones espirituales que llevan practicándose durante muchísimo tiempo. Si te ha ocurrido eso y te cuesta conectar con tus antiguas tradiciones de brujería, tal vez te resulte útil tomarte un momento para recordar que sigues siendo brujo. Tus creencias en la brujería cambiarán, y lo más probable es que el luto sea su principal causa. Recuerda reconocer dónde has estado, cómo te sientes y lo que sientes en este momento.

Es posible que tardes en sentirte brujo por completo. Aunque también es cierto que a mucha gente el duelo les hace sentir superbrujos. Tal vez sientas algo entre medias u otra cosa completamente distinta. Sea cual sea tu experiencia, vívela en el presente. Con el tiempo, tu nueva forma de practicar brujería terminará formando parte de ti, tal vez incluso más que la de antes.

El duelo nos cambia, pero no nos define

Antes del proceso del duelo, tanto por nuestro bebé como por los bosques tras los incendios, mi brujería iba más dirigida a los dioses y muy de vez en cuando a mis antepasados y a la tierra. Ahora está mucho más arraigada en honrar a mis ancestros y a la tierra. Hay cierta humildad en el duelo, un respeto mayor por aquellos que se han ido. La tierra no solo es un lugar bonito sobre el que caminar, sino un ser vivo con ciclos indiscriminados y a veces castigadores. La veneración puede ir de un «vaya, qué bonita eres... Gracias por procurarnos alimento y aire» a «gracias por todo esto y también por no matarnos a mí y a mi familia». Esa humildad puede ayudarnos a aprovechar esa relación mucho más antigua con la tierra, anterior a los inventos modernos y la agricultura contemporánea, que nos llevaron a pensar que la tierra era una eterna proveedora. Para nuestros antepasados, la tierra era un lugar formidable en el cual era posible ser compañero o quizá un suplicante, pero no un camarero amable que simplemente sirve porque se le pide de buenas maneras.

Aunque también es verdad que hay ciertos sucesos que nos recuerdan que este planeta aún muestra amabilidad y belleza.

Tras algo más de una semana desde que el humo invadiese nuestro estado, después de pensar que ya nunca volvería a llover, vivimos otro suceso meteorológico inusual. Empezó a caer un chaparrón. Normalmente a principios de septiembre Oregón es un estado bastante seco y, si llueve, suele ser poco y con niebla. Esta vez fue de manera torrencial. Las aplicaciones del tiempo ni siquiera habían podido preverlo. Salí al porche descalza y en pijama y vi llover y empapar la tierra. Se me cayeron las lágrimas, las cuales se mezclaron con el aire húmedo y fresco.

Fue un tipo de lluvia distinto. Cada gota contenía una oración por parte de alguien en algún lugar del mundo; la magia de sus propias tradiciones enviada a mi región para sanarla. Creí en esa magia más que en ninguna otra en mi vida. Al día siguiente respiré aire limpio por primera vez en dos semanas. El cielo volvió a ser azul y no naranja, negro, gris o marrón. Fue magia manifestada a través de la sanación, alimentada por la fe y el amor de muchos a quienes conocía y otros tantos a los que jamás había visto. Así ha utilizado nuestro mundo la magia siempre: abastecida por un amor mutuo tan grande que provoca cambios en el tiempo, a pesar de que jamás se hubiera creído posible.

Un antes y un después abrupto

He dejado de formar parte de algunas organizaciones. He visto a mucha gente que me saca decenas de años no mostrar sabiduría, límites o criterio. Muchos me caían bien, pero tuve que distanciarme. También decidí retirarme de una poderosa tradición de brujería simplemente porque no podía seguir haciéndole justicia. Y sentía mucho dolor. Aproximadamente un año después de marcharme, otras personas importantes también se marcharon y, tras aquello, la cosa se derrumbó. A veces te alejas por tu propia seguridad, ya sea emocional o mental. Otras, por un gran respeto al egrégor del grupo o la tradición. El duelo se basaba literalmente en llorar y en correos tristes diciendo: «Ya veo que lo haces por las razones correctas… Ojalá las cosas fueran distintas». A veces el duelo se manifestaba en inquietud en torno a cómo sobrellevar esas redes complicadas y basadas en los linajes sin faltarle al respeto a nadie, ni siquiera a mí mismo. El duelo era un recipiente reconfortante, como una manta o capa sagrada que le confería significado y textura a todo. Para mí es excepcionalmente sagrado. Puede ser que un brujo acuda a otro que posea la fuerza y capacidad de contener y escuchar a tu duelo —el cual puede manifestarse como rabia, tristeza y lágrimas o confusión y desorientación— y el otro brujo sea capaz de comprenderte y ver por lo que estás pasando. Por supuesto, yo, igual que cualquier humano, puedo verme afectado de rebote. Sin embargo, siempre llevo a cabo una práctica de triple alineación del alma o pentagrama de hierro, o recito la «Carga de la Diosa», y entro en un estado de medio trance y escucho a cualquier diosa que quiera acudir en ese momento. Yo lo denomino «éxtasis devocional». Me dirijo a uno de mis altares en interior, exterior o junto al mar y canto, toco el tambor o recito la Carga. Entro en un estado alterado en el que me permito a mí mismo experimentar esa catarsis de sollozar o reír, y después llamo a un amigo y le digo: «¿Puedo desahogarme contigo?». Esos rituales me han ayudado a centrarme y anclarme mucho más. Hay muchísimas cosas en la brujería que lo hacen, ¿verdad? Nuestras herramientas nos anclan, aclaran, contienen y sintetizan. Eso es lo que hace la magia.

A veces el duelo (por perder una comunidad) es un tanto abrupto, porque quizá sigas conectado a algunas de esas personas. También podría existir la pérdida de realizar rituales de forma más regular. Creo que el duelo puede manifestarse como nostalgia, y para muchos brujos y paganos, se manifiesta como rabia. Si te dejas llevar, ese duelo crea un espacio para ti. Si te alejas, puede que haya momentos abruptos de resentimiento, pero al final esas situaciones crean un espacio. Podemos seguir conectados, de forma bonita, a esa época y a esas personas, pero a alguien que acaba de abandonar su comunidad le diría: «Sí, es una mierda», y también: «Felicidades por salir de ahí». Tal vez hubiese abusos o se transgredieran los límites. Tal vez se te quedase pequeña. Tal vez trataran fatal las enseñanzas que te resultaban sagradas. Tal vez te echaron o necesitabas marcharte para seguir siendo una persona íntegra. Este puede que sea uno de los ritos de paso e iniciación más poderosos que conozcas.

~Fio Gede Parma

9

Ayuda para quienes lo están pasando mal

Muchos brujos son personas que siempre han estado interesadas en arreglar cosas y tal vez se han visto atraídas por la brujería para controlar todo lo que ocurre a su alrededor; no solo a ellos mismos, sino también a aquellos a los que aman. Dichos brujos no temen involucrarse de lleno en el duelo de los demás. Recuerdo con una mezcla de cariño y vergüenza que muchos rituales públicos que dirigí se convirtieron, de hecho, en rituales de duelo. Se debió en gran parte a que me apoyo más en las emociones que en la magia para este tipo de rituales, que a menudo terminaban con al menos una persona llorando en los brazos de otra. Las personas presentes no tenían miedo de abrazar u ofrecer su apoyo si se les permitía.

Muchos brujos no le temen al duelo. Algunos quizá sienten miedo de dejar que sanen las heridas.

Aunque los brujos ofrecen mucha energía a aquellos que están pasando por un duelo, nuestras comunidades a veces carecen de la infraestructura y las acciones necesarias para ayudar de una forma más práctica. A veces vamos demasiado lejos. Después de mi primer aborto escribí sobre cómo una pérdida podía ser una forma de ser «auténtica» con la gente de nuestra comunidad, intentando a su vez desestigmatizar este proceso tan natural como triste. Por desgracia, las cosas no fueron como había planeado. Unos cuantos días después, abrí mis conversaciones de Messenger y me topé con una lectura del tarot sobre mi pérdida de alguien a quien apenas conocía, una lectura que yo no había pedido que me hicieran. Como yo también leo las cartas del tarot, supe reconocer las malas cartas en cuanto las vi y, aunque el remitente trató de darle un sentido positivo, no me ayudó lo más mínimo. Para empezar, yo no quería que nadie me leyese las cartas. No lo había pedido. Y segundo, me horrorizó lo que leí. Ese gesto bienintencionado añadió más peso a mi carga, ya de por sí dolorosa.

Además, ¿cómo se suponía que debía responder? ¿Debía hacer uso de mi poca energía para intentar educar a esa persona sobre cómo *no* ayudar a una persona que acababa de perder un bebé o simplemente ignorarla? Al final, la persona se dio cuenta de que se había excedido y me envió una disculpa, lo que me llevó a plantearme otro dilema: ¿aceptaba su disculpa para hacerle sentir mejor o aprovechaba la oportunidad para explicarle cómo me había afectado su forma de proceder y arriesgarme a quedar como «la mala»? Al final me decanté por algo intermedio: le dije que sus acciones me habían dolido, aunque sabía que lo había hecho con buena intención.

Me pareció importante escribir este capítulo porque, aunque todos sufrimos una pérdida tarde o temprano, algunas personas todavía no lo han hecho. O podrían tener experiencia con una sola clase de pérdida y afrontan el duelo de un modo menos amplio. Una persona que ha perdido una relación reacciona de forma distinta a otra que ha perdido a su querida mascota. No hay una única forma de ayudar a una persona que haya perdido algo o a alguien. Sus sentimientos con respecto a esa pérdida cambiarán dependiendo de con quién estén y qué clase de pérdida hayan sufrido. La pérdida es sencilla, pero el duelo es complicado.

Formas de ayudar a quienes lo están pasando mal

Naturalmente, queremos ayudar a las personas que amamos y que han perdido algo o a alguien. Aunque, si nuestras mejores intenciones pueden empeorar las cosas para ellos, ¿qué hacemos? A continuación te dejo unas cuantas maneras de ayudar a tus seres queridos cuando estén llorando una pérdida.

Contáctales, pero no demasiado

Es posible que una persona que está de luto no te contacte. El duelo puede hacer que el mero hecho de responder una llamada o abrir el chat parezca un idioma extraño y desconocido. Pero esa persona que no te llama ni te escribe puede seguir necesitando apoyo. En especial cuando el dolor es más intenso, incluso podría sentirse bastante sola. La responsabilidad de contactar con ella recaerá sobre aquellos que la rodean. Llama a tu ser querido. Tal vez no responda a tu llamada y tengas que dejarle un mensaje en el contestador como antiguamente. Esa persona lo escuchará cuando esté preparada. Escribir mensajes también es una manera maravillosa de ayudar en el proceso de duelo. Es generalmente menos invasivo y ver las palabras «Me he acordado de ti» en la pantalla puede resultar muy reconfortante. Tal vez no recibas respuesta, pero la otra persona sabrá que hay alguien en su vida que está dándoles espacio. Para muchos, eso es de agradecer.

Cuando estaba pasando por el peor momento de mi duelo por nuestro bebé, una antigua amiga me preguntó si me podía llamar y concertamos una fecha, pero cuando esa fecha llegó, no tenía la energía suficiente para descolgar. Aun así, ver su nombre en la pantalla me consoló. Al principio me sentí culpable por no responder, pero en los días posteriores, ella me mandó una foto de una hoguera que había encendido en su jardín con el mensaje: «Esta va por ti». Lo había comprendido, y saber que había encendido una hoguera por mí a más de tres mil kilómetros de distancia fue un bálsamo para mi corazón.

Si tu amigo no responde, no repitas las llamadas o los mensajes con demasiada frecuencia. Podría querer espacio y, aunque agradezca saber que piensas en él, recibir demasiadas llamadas podría resultar intrusivo y al final hará un esfuerzo extra para explicarte eso. Si te preocupa el bienestar de un amigo que no responde, valora la posibilidad de contactar con alguien que sea más cercano a esa persona, como su pareja, un familiar directo, un compañero de piso, u otro. Si crees que tu ser querido podría estar en peligro de autolesionarse, busca ayuda de un profesional.

No digas: «Si necesitas algo, tú dime»

De nuevo, esto hace que el esfuerzo recaiga sobre la otra persona. Tal vez no sepan lo que necesitan y es bastante improbable que te tomen la palabra. En cambio, sugiérele cosas que podrían ayudarle realmente, como «¿Necesitas que avise a alguien?» o «Voy a ir al supermercado. ¿Necesitas que te traiga algo?», o incluso «¿Necesitas que mantenga a raya a algún pesado o pesada?».

Esos ofrecimientos son inestimables para una persona que acaba de perder algo o a alguien. Cuando se llora una pérdida, todo es duro y difícil: hacer la compra, cocinar, limpiar, cuidar de los hijos o las mascotas, etc. Pide permiso primero a la persona en cuestión o a alguien cercano a ella, pero en vez de preguntarle: «¿Necesitas que te ayude con algo?», ofrécele algo específico, como «A varios de nosotros nos gustaría llevarte cosas para cenar. ¿Te parece bien? Si es así, ¿hay algo que te apetezca en particular?». Si te lo puedes permitir, enviar tarjetas regalo para pedidos a domicilio o servicios de limpieza puede resultar de gran utilidad. Aunque la persona no las use de inmediato, es un buen regalo del que podrá hacer uso más adelante, cuando esté preparada. Mi marido y yo recibimos muchas tarjetas regalo para pedidos a domicilio cuando estábamos de luto. No las usamos al momento, pero después las combinamos y pedimos una gran cantidad de comida para una reunión familiar, que fue muy divertida y creó un recuerdo nuevo y maravilloso.

Si te dice «No, gracias», no insistas. Ofreciéndote ya has demostrado que te importa. Sigue demostrándole tu cariño respetando el límite que te ha impuesto.

Proponles hacer cosas

Antes de hacerlo, quizá sea buena idea preguntarle a una tercera persona que sea cercana al doliente y que pueda juzgar si la invitación será bienvenida o no. Por ejemplo, a alguien que está pasándolo mal por un divorcio tal vez no le apetezca asistir a tu fiesta de compromiso. A una persona que está revisando sus pertenencias después de un gran incendio en su casa, tal vez no le interese asistir a la fiesta de inauguración de tu nuevo hogar. Si tienes la suficiente confianza con la persona en cuestión, podrías preguntarle directamente si le apetecería que la incluyeras en tu lista de invitados. Te agradecerá el tacto y la consideración. Algunos también agradecen la distracción y estarán encantados de aceptar tu invitación, así que no los excluyas sin asegurarte de que no quieren ir.

Algunos eventos para personas que estén pasando por un duelo pueden ser aquellos que no requieran mucha interacción personal: ir de senderismo, escuchar música en vivo, asistir a una feria o un festival, etc. Las interacciones individuales o en pequeños grupos a menudo son las mejores para esas personas, aunque también es cierto que podría haber otras que disfruten de salir de fiesta con mucha gente. Tan solo tener la oportunidad de salir sirve muchísimo para romper la monotonía en los días posteriores a una pérdida.

No te ofendas si la persona te dice que no o asiste pero se marcha pronto. No intentes que hable si ha venido y está muy callada, triste o retraída. Una opción sería decirle: «Oye, me alegro de que hayas venido, pero, si quieres marcharte, no pasa absolutamente nada».

Escucha... incluso en los momentos más inesperados

Una persona que está pasando por un duelo tal vez no sienta ganas de hablar cuando le preguntas: «¿Quieres hablar de ello?». También puede que esté harta de responder a los «¿Cómo estás?». Algo que puedes decirle es: «No es mi intención meterme donde no me llaman, pero que sepas que puedes hablar conmigo cuando quieras o tengas ganas».

Prepárate: la persona en cuestión podría elegir hablar de su pérdida en los momentos más inesperados. Cuando me mudé a la ciudad de Nueva York en 2003, conocí a mucha gente que vivió el 11-S, pero apenas hablaba de ello. Sin embargo, cerca del décimo aniversario de aquella tragedia, iba caminando por la calle con una amiga cuando de repente se paró. No habíamos estado hablando de nada relacionado con aquello, pero de pronto mi amiga se puso a describir una escena horrible que había vivido aquel trágico día. Algo similar me ocurrió con otros amigos, e incluso con desconocidos en el metro. Al no existir un estímulo directo para hablar del tema, suelen relacionarlo con los detalles más aleatorios, como «Oye, ¿dónde te has comprado esos zapatos? Molan. Pero son muy distintos a los que llevaba cuando las torres se cayeron…», y a eso le sucede una historia desgarradora.

Es posible que también les suceda a tus amigos. Podría tomarte desprevenido. Esfuérzate al máximo por escucharlos sin intentar de solucionar nada. Intenta no hacer ningún comentario sobre lo inesperado y aleatorio que ha sido, como, por ejemplo: «Vaya, ¿a qué ha venido eso?». Y tampoco cambies de tema para que dejen de «pensar en ello». Si están pensando en el duelo, por mucho que lo intentes, no van a dejar de hacerlo. Tratar de cambiar de tema solo conseguirá que se sientan incomprendidos e ignorados.

Si crees que la persona podría beneficiarse hablando con un profesional, puedes preguntarle: «¿Has tenido la oportunidad de hablar con alguien sobre esto?», o incluso sugerirle un grupo de apoyo o un psicólogo, si conoces alguno. Si esa persona continúa acudiendo a ti para ese tipo de charlas profundas y serias en vez de obtener ayuda profesional, tal vez debas animarla a que lo haga.

No te adueñes de su dolor

Es duro ver sufrir a nuestros seres queridos. Esto puede desencadenar nuestro propio duelo. Pero intentar llorar con ellos al mismo nivel no ayuda a aliviar su dolor. No podemos «quitarles» su duelo. Solo podemos estar presentes y verlos pasar por él. Escúchalos, pero no te involucres. Si después de escuchar desahogarse a una persona que acaba de perder algo o a alguien, te sientes extrañamente pesado energéticamente hablando, valora la opción de llevar a cabo un ritual purificador para liberarte de ese dolor que no te pertenece. Hacerlo no te convierte en una persona egoísta. Más bien, mantener tu propia salud hace que a la larga te resulte más fácil ayudar a la otra persona.

Si notas que su situación desencadena tu propio duelo, a lo mejor deberías tratar de buscar apoyo, ya sea de un amigo o de un profesional de la salud mental.

Si están empezando un nuevo capítulo, cuidado con cómo los animas

Si tu ser querido está de luto por el fin de una relación, a lo mejor no le apetece oírte decir que nunca te había caído bien su pareja (por muy cierto que sea). Evita hacer de abogado del diablo, aunque creas que podría venirle bien entender el otro punto de vista de la historia. Tal vez no se sienta preparado para eso y solo consigas que se sienta ignorado. Tú solo escucha lo que tenga que decirte.

Si esa persona está preparada para conocer a alguien más, celébralo, pero evita presentarle a alguien enseguida para que reemplace a su anterior pareja. Tampoco necesita tu ayuda para crearse un perfil en una app de citas…, a menos que te diga lo contrario, claro. Y si está listo para empezar a salir con alguien, no le digas que es demasiado pronto ni te excedas en tus reacciones si, hablando en plata, ha estado con alguien. Salir y disfrutar de la atención de otras personas puede ser una gran forma de sanar después de su pérdida, pero a su propio ritmo.

No les eches más dolor encima

Tal vez su divorcio te haya hecho recordar el tuyo o el de tus padres. Tal vez tú también estabas muy apegado a su abuela, ahora fallecida. Tal vez oír cómo un incendio ha destrozado su ciudad te recuerda al miedo que sentiste cuando un huracán hizo lo mismo con la tuya. Tu dolor es válido y la pérdida de tu ser querido puede estar afectándote también. No obstante, ahora no es el momento para que esa otra persona te consuele a ti. Acude a terceras personas no ligadas a esa pérdida (un terapeuta, un sacerdote o sacerdotisa, o un amigo ajeno a la situación) en busca de consuelo. Tu papel ahora es estar presente para tu ser querido. Hacerles soportar tu duelo es añadirles una carga pesada, y completamente innecesaria, a la suya propia.

Un buen modelo es el llamado «teoría del anillo», creado por la psicóloga clínica Susan Silk. Recomiendo encarecidamente leer el artículo original, cuyo enlace dejaré en una nota al pie, pero en resumidas cuentas podemos decir que el modelo se basa en una serie de anillos. El del centro representa a la persona que está pasando por el duelo de forma más directa; básicamente, la persona que ha experimentado la pérdida. El siguiente incluye a las personas más cercanas a ella, como los cónyuges, la familia inmediata, etc. El siguiente podría incluir a amigos cercanos, familia lejana u otras personas relacionadas, pero no afectadas directamente. Cuanto más se alejan los anillos, más lejos están las personas del epicentro de la situación. Todos en esos anillos podrían estar pasando por su propio proceso de duelo, pero no deberían buscar consuelo en las personas de los anillos más cercanos al centro. En cambio, deberían dar «apoyo DENTRO» y «buscar apoyo FUERA».[9] En otras palabras, consolar a aquellos más cercanos a la pérdida y buscar consuelo por parte de aquellos que están más alejados. Este es un modelo saludable y una forma de ayudar a las personas a procesar su propio duelo aun siendo respetuosos con los más afectados.

No eres mala persona por sentir más profundamente la pérdida de otra persona. Lo difícil es saber gestionar esos sentimientos en el contexto adecuado. Eso también te ayudará a estar más presente para la persona que ha sufrido la pérdida.

Sé paciente con quien esté llorando una pérdida

Las personas que lloran una pérdida están heridas. Es posible que tarden en contestarte a los mensajes. Podrían mostrarse distantes cuando las veas en persona. Podrían descuidar sus obligaciones para contigo u otra gente. También podrían hacer cosas inusuales como salir mucho más de fiesta, gastar un montón de dinero o hacer otras cosas impulsivas.

Si notas que tu ser querido se está poniendo en peligro o está ignorando sus necesidades o las necesidades de personas dependientes, tú u otras personas tal vez deberíais animarle a buscar ayuda profesional.

Ten cuidado con las frases cliché

Es natural sentir incomodidad cuando estamos junto a una persona que ha perdido algo o a alguien. También es natural

---

9. Silk, S., & Goldman, B. (2013, 7 de abril). *How not to say the wrong thing*. Los Angeles Times. https://www.latimes.com/opinion/op-ed/la-xpm-2013-apr-07-la-oe-0407-silk-ring-theory-20130407-story.html

querer aliviar el dolor de esa persona. No obstante, las frases cliché como «Está en un lugar mejor», «Todo pasa por algo», «Saldrás de esta», «El tiempo lo cura todo», etc., a menudo suenan desdeñosas para esas personas y solo hacen sentir mejor a quien las dice. Son frases fáciles que queremos que sean verdad, principalmente porque no queremos ver a nuestro ser querido pasarlo mal. Sin embargo, minimizar el sufrimiento de una persona, que es lo que hacen esas frases, solo lo empeora.

Podrías decir simplemente algo como «Lamento mucho tu pérdida», «Pienso mucho en ti», «Te quiero» o «Estoy aquí». Dilo de corazón y reconoce la pérdida de la otra persona sin minimizarla o restarle importancia. No te obligues a decir nada optimista para lo que probablemente la otra persona no se sienta preparada.

Recuerda que el duelo no es un problema que resolver

El duelo no es un problema. Es horrible ver a alguien que quieres pasarlo mal. Sentirás la enorme tentación de querer arreglar y cambiar la situación, pero no puedes. Y aunque pudieras, no deberías. El duelo es una reacción natural a una pérdida dolorosa. Tu ser querido debe pasar por su duelo a su ritmo. Puedes escucharle. Puedes ayudarlo con las tareas de casa o responsabilidades que tenga. Puedes recordarle que lo quieres y que estás ahí. Pero no puedes detener su duelo. Al tratar el duelo como un problema que resolver, tal vez estés insinuándole de forma inconsciente que el problema es él, y eso puede llevar a que tu ser querido se guarde su duelo cuando esté a tu alrededor, lo cual puede perjudicar a vuestra relación. El duelo no solo es un proceso natural, también es un proceso humano que tiene el derecho de experimentar como quiera.

No te alejes mucho. Estate presente. Recuerda que el duelo no es un problema que resolver.

No te prives de disfrutar porque te sientas culpable

Tal vez acabas de recibir un fantástico ascenso mientras tu amigo está pasándolo mal porque ha tenido que cerrar su negocio. Quizá acabas de intercambiar «te quieros» por primera vez con una persona mientras tu hermano o hermana está llorando la pérdida de su pareja. Es posible que estés a punto de irte a tus vacaciones soñadas mientras un buen amigo acaba de perder la custodia de sus hijos. O tal vez tu vida vaya bien y estés feliz, mientras que la vida de alguien a quien quieres está inundada de dolor. Puede parecerte incómodo celebrar tu propia felicidad sabiendo que alguien cercano a ti está sufriendo tanto. A veces podemos incluso sentirnos culpables y queremos enfriar nuestra propia experiencia. ¿Cómo nos atrevemos a sentir felicidad cuando alguien cercano a nosotros lo está pasando tan mal?

Empañar tu felicidad no reducirá el dolor de los demás. El duelo no es un pastel. Añadir dolor a tu vida no elimina el dolor de la vida de otra persona. Como es natural, deberías evitar mostrarte demasiado exultante sobre tus noticias cuando estés con alguien que acaba de sufrir una pérdida, pero eso no significa que no puedas ser feliz a tu manera. Comparte tu felicidad con aquellos que estén en posición de recibirla, pero no intentes minimizarla. No ayuda en nada a la persona que lo está pasando mal.

A su vez, la persona podría incluso sentirse peor si al final es la última en enterarse de tus buenas noticias. Supongamos que te has comprometido y tu mejor amigo se va a divorciar.

Tal vez no debas explayarte con los detalles de tu compromiso; cómo lloró tu pareja, lo mucho que te gusta el anillo, que tus suegros te van a dar una fiesta, etc. Cuéntale la buena nueva en menos de cincuenta palabras o así: «Hola, solo quería decirte que Rain y yo vamos a casarnos el año que viene…». Tampoco pasa nada si le dices que estás contento. No infravalores lo que ha sucedido en tu vida por su bien. Lo más probable es que se dé cuenta de ello y termine sintiéndose peor. No evites a la persona, pero tampoco tiene por qué ser la primera a la que le cuentas todo con pelos y señales cuando está intentando procesar una gran pérdida de una índole similar (o no).

Pero, bueno, puede haber días en los que tu ser querido *quiera* saber todos los detalles de tu buena noticia. Quizá eso le dé esperanza. Tal vez le sirva de distracción. A lo mejor te quiere sin más y se alegra sinceramente por ti. Pero espera a que sea tu ser querido quien te pregunte por esa gran noticia, y, llegados a un punto, incluso valora la opción de decirle: «Me hace ilusión contártelo, pero por favor párame si no te apetece oírlo en este momento».

Cosas que no deberían hacer los brujos

Los brujos que quieren ayudar a las personas que estén pasando por un duelo podrían sentir la tentación de hacer alguna de las siguientes cosas. Si te identificas como brujo y te sientes tentado a hacer alguna de las siguientes cosas, por favor, lee la próxima sección antes de hacerlo… ¡y valora hacer algo distinto para ayudar a tus seres queridos!

No envíes una lectura adivinatoria sobre su pérdida si no te la han pedido

¡De ahí mi historia de antes!

A los brujos les encanta arreglar cosas, pero enviar algo así requiere el consentimiento de la persona en cuestión. Si estás deseando llevar a cabo una adivinación sobre la situación de dicha persona, hazla para ti. Valora la opción de hacer una lectura, con cualquier medio que uses, sobre cómo podrías ayudarla mejor.

Ten cuidado con los «mensajes»

Los «mensajes» bienintencionados pueden ser extremadamente dañinos. Por ejemplo, no vayas a decirle a la persona que has recibido un mensaje para ella de su difunto ser querido, ni tampoco le escribas con una «descarga» espiritual sobre su ruptura. Si la persona está llorando a alguien que ha fallecido, lo echa terriblemente de menos y la idea de que otra persona ajena a ella tenga noticias suyas es devastadora. «Descargas» no solicitadas sobre cualquier situación pueden crear confusión y más aflicción, porque sí, tal vez creas fervientemente que tu mensaje e información es veraz y útil, pero para la otra persona puede ser una bofetada en la cara a menos que te haya especificado que quiere recibir esa clase de mensajes. (Normalmente no es así).

Lo admito: yo lo he hecho. Esos mensajes podrían haber sido mi propia mente procesando la pérdida, o quizá haya recibido visitas de verdad. Sea como sea, no me di cuenta del daño que había provocado hasta que me lo hicieron a mí. Los mensajes o «descargas» que he recibido de otros brujos sobre mis pérdidas nunca han sido acertadas. Esos mensajes decían cosas que mis seres queridos fallecidos jamás habrían dicho y las descargas incluían detalles irrelevantes para mi situación.

Ahora bien, sí que creo que he recibido la visita de personas fallecidas que tienen cónyuges o familiares directos vivos. También creo que debe de haber alguna especie de regla que evite que los recién decesados puedan comunicarse con sus seres queridos más cercanos en este mundo. Tal vez afecta demasiado a los vivos o dificulta que los difuntos puedan avanzar hacia la siguiente etapa de su existencia. Mentiría si dijera que no hay veces en las que me siento tan revitalizada a causa de la conexión que he compartido con esas almas difuntas, que siento tentación de compartir mi experiencia con sus seres queridos, pero no lo hago.

Las experiencias que tengo con esos difuntos están más relacionadas conmigo que con sus seres queridos. Tal vez le envíe un mensaje a la persona más cercana a ellos para decirle simplemente algo como «¡Hola! ¡Me he acordado de ti!». Pero no menciono el encuentro con su difunto ser querido. Es una señal para esa alma fallecida de que su ser querido no está solo en el mundo y también para la persona viva de que estoy aquí para lo que le haga falta.

Si has recibido una visita de una persona fallecida y crees que es un mensaje importante que debe recibir su ser querido, habla primero con una tercera persona. Explícale lo sucedido y pídele opinión sobre si cree que es buena idea compartir esa información con el ser querido. Si no es posible, valora anotar el mensaje junto a una fecha. Si el mensaje debe llegarle a la persona, el fallecido hallará la forma (ya sea a través de la sincronicidad u otra cosa) de que le entregues el mensaje. Si te ves en la tesitura de tener que entregar un mensaje de un difunto a su ser querido vivo, empieza con sensibilidad y di algo como «Por favor, párame si ves que lo que te voy a decir te afecta mucho, pero he tenido un sueño extraño que me ha parecido que podría ser relevante para ti. ¿Te gustaría que lo compartiera contigo?». Así le das la oportunidad de decirte que no, y en el caso de que sí quiera oír el mensaje, ¡también le das la oportunidad de decirte que sí!

No permitas ningún comportamiento perjudicial para ti o para la persona que ha perdido a alguien

Algunas personas podrían estar desesperadas por conectar con un ser querido que hayan perdido o por dar con una explicación de por qué ha sucedido. Muchas llegan a la brujería después de una pérdida. Tal vez no hallen las respuestas o el apoyo suficientes en sus religiones de origen y su duelo podría ser su punto de partida en el camino de la brujería. Si eres vidente o médium y te sientes cómodo respondiendo sus preguntas, establece ciertos límites, no solo para ti, sino por su bien también. El mayor riesgo de la adivinación no es la «posesión demoníaca» (tal y como algunos temen), sino la obsesión. Obsesionarse con obtener respuestas o comunicarse con los muertos puede ser una distracción que los impida continuar con su proceso de duelo, y eso no los ayuda. Un buen límite podría ser permitir una lectura o sesión cada pocos meses para esa persona. Anímala a que deje tiempo entre lecturas y sesiones si decide buscar ayuda de alguien más.

Hacer magia para los que han perdido algo o a alguien

Si un brujo debe o no hacer magia para alguien que está pasando por un duelo, suscita las mismas preguntas que si debería hacerla sobre alguien sin su consentimiento. Ambas son preguntas controvertidas. En mi caso, la decisión radica en el contexto. En general, siempre pido permiso a la persona antes de practicar magia sobre ella porque quiero su cooperación. No me gusta perder el tiempo y la energía haciendo magia sobre alguien que podría socavar mi trabajo, ya sea de forma consciente o no. Sin embargo, en situaciones en las que he necesitado alejar a alguien o protegerme a mí misma o a otros de una fuerza intrusiva, no pido permiso, ya que en esos casos no creo que el permiso esté garantizado.

Es mejor realizar magia sobre alguien que está de luto si te lo ha pedido expresamente o si te ha dado permiso cuando se lo has preguntado. La forma de llorar de cada persona y el apoyo que pueda necesitar es algo muy personal. La clase de magia que pueda querer (o no) alguien que ha perdido a un ser querido será igual de subjetiva. Ciertas personas agradecen las buenas vibras que puedan ofrecerle otros brujos, mientras que otras buscarán un hechizo que las ayude a desahogarse. Obtener el permiso de esa persona antes de hacer magia no solo es respetuoso para con sus necesidades, sino que también aumenta la posibilidad de éxito del hechizo.

Si vas a ofrecerte a ayudar con magia a alguien que está pasando por un duelo, empieza preguntando: «¿Qué te ayudaría en este momento?». Si es capaz de articular lo que necesita, esfuérzate por ofrecerle exactamente lo que pide, aunque creas que algo distinto podría venirle mejor. Puedes negarte a llevar a cabo el hechizo si estás completamente en contra de sus deseos, pero recuerda que cada uno tiene su propio viaje. Si al final decides seguir adelante, hazlo sin desviarte en gran medida de sus deseos.

Un hechizo para ayudar a alguien que lo está pasando mal

Si está abierto a ayuda mágica pero no sabe lo que quiere, te sugiero este hechizo:

Imprime una foto de esa persona o simplemente escribe su nombre en un trozo de papel. Rodea el papel de hierbas suaves, como lavanda o menta. En torno a las hierbas, crea un círculo con una serie de piedras. Los trocitos pequeños de obsidiana vienen genial, pero también puedes usar gravilla de un parking. Si esa persona está lidiando con mucha presión y necesita unas pocas defensas más entre ella y el mundo exterior, a lo mejor podrías crear otro círculo externo mucho más fuerte usando cristal roto, un trozo de alambre o clavos. Asegúrate de que la parte afilada esté señalando hacia fuera (al mundo exterior) y no hacia la persona que necesita apoyo. Este último círculo protegerá a la persona de la gente insensible y cruel que podría interferir en o agravar su proceso de duelo.

Enciende una rama de incienso con aroma suave y sopla el humo sobre la foto o el nombre de la persona. Si no puedes hacer humo en el lugar donde vives o practicas la brujería, o simplemente no quieres, salpica un poco de agua caliente sobre la foto o el nombre de la persona.

Pronuncia un ensalmo que cree un espacio de protección y confort para la persona en cuestión, uno que específicamente solicite protección de fuerzas nocivas externas. Si te cuesta hallar las palabras, puedes usar el que te sugiero a continuación (o modifícalo como quieras):

Lluvia sanadora, aliento de paz,
Concede a [su nombre] un espacio para sanar,
Donde pueda respirar, llorar y descansar,
Hasta que de nuevo se pueda levantar,
Y al mundo pueda salir a caminar.

Comprueba periódicamente cómo está la persona para la que has hecho el ritual. No es bueno dejarlos en ese lugar para siempre, ya que es demasiado restrictivo y puede evitar que construya relaciones o tenga experiencias nuevas. Si dice que está empezando a encontrarse mejor, dile que vas a levantar el hechizo.

Empieza quitando la barrera protectora y deja el resto del hechizo durante tres días más o menos. Después de esos tres días, quema el resto del hechizo al aire libre (si puedes), y deja que el humo se lo lleve el viento. Si no puedes quemar nada fuera, entierra el papel en un lugar natural y declara el final del hechizo añadiendo que ya no estás al mando de la sanación de esa persona. Es bueno ayudar durante cierto tiempo, pero no estar conectado al proceso de duelo de dicha persona indefinidamente. Tanto por tu bien como por el suyo, necesitará espacio para moverse y sanar por sí misma.

Oye, brujo, sé amable contigo

Cometerás errores mientras intentas ayudar a alguien que lo esté pasando mal. Fíjate en que he usado el futuro y no el condicional. *Cometerás* errores. Cada pérdida es distinta, cada proceso de duelo es único y las necesidades ligadas a cada situación cambiarán. Al igual que tú estás intentando averiguar cómo ayudar mejor a tus seres queridos, ellos también están tratando de analizar y comprender sus necesidades en ese nuevo mundo posterior a su pérdida.

Al igual que abrazar a alguien herido físicamente podría hacer que exclamara un «ay», lo mismo podría pasar cuando interactúas con alguien que está pasando por un duelo. Metafóricamente hablando, escucha a la persona herida sobre cuál es la mejor forma de tocarla (o no) mientras sana. Ten en cuenta que tu intento por ayudar también podría provocar un metafórico «ay» por su parte. *Cuando* eso pase, no te tortures ni pongas a la persona en posición de tener que consolarte a ti por tu error. Simplemente discúlpate, o incluso mejor, dale las gracias diciendo algo como «Gracias. Te agradezco que me digas cómo puedo ayudarte mejor».

Aunque la otra persona quiera espacio y soledad, también es posible brindarles apoyo. Siempre puedes dedicarles una oración o una declaración energética que diga: «Que cuente con todo lo que necesite para seguir adelante». Todo es cuestión de ensayo y error cuando queremos ayudar a alguien y, al igual que la persona que está pasándolo mal se merece paciencia, amabilidad y compasión, tú también. Asegúrate de guardar parte de esa paciencia, amabilidad y compasión para ti también.

10

Magia para el duelo

Hace seis años mi marido y yo guardamos todo lo que había en nuestro apartamento de Nueva York en un camión de mudanzas, metimos a nuestros gatos en los trasportines y cruzamos el país en avión para empezar una nueva vida (o para mí, una renovada) en Oregón. Pasamos por un duelo a causa del traslado, a pesar de ser un cambio que ambos queríamos. En el horizonte nos aguardaba un trabajo mejor, estar más cerca de la familia y la posibilidad de comprar una casa, pero a nuestras espaldas dejábamos una comunidad muy unida de amigos a los que queríamos y un montón de recuerdos. Sin embargo, tuvimos que esperar para procesar el duelo natural de reemplazar un sitio por otro, a pesar de ser el camino que habíamos elegido. Sin saberlo, se nos avecinaba una pérdida diferente..., aunque un amigo me lo avisó.

Dos noches después de mudarnos a nuestro nuevo apartamento, me incorporé en el colchón hinchable, enfadada con un difunto amigo llamado Don. Falleció varios años antes de que nos mudáramos a Oregón y, aunque nuestra amistad había pasado por altibajos (algo normal en muchas amistades entre brujos), cuando falleció no existía rencor ninguno entre nosotros. No obstante, aquella noche en mi sueño iba vestido todo de negro y me dijo algo que no quería oír. Me desperté furiosa con él, aunque no recordaba lo que me había dicho. Asimismo, a medida que avanzó el día, terminé olvidándome del sueño.

A la noche siguiente, mi marido y yo regresamos a casa y nos encontramos a nuestra querida gata Lilith muy enferma. Nos empapamos bajo la lluvia para llevarla a un veterinario de urgencias en el camión de mudanza. Serpenteamos por carreteras desconocidas todo lo deprisa que nos permitió el camión. En la clínica le hicieron pruebas y nos dieron varias opciones, pero casi todas hablaban de prolongar el sufrimiento de nuestra pobre mascota en vez de curar el tumor que habíamos descubierto que tenía en el estómago. Justo cuando mi marido me susurró que teníamos que hablar, me acordé del sueño de Don.

Don había sido un gran amante de los gatos. Hace muchos años, mientras cenábamos una noche, encontramos a Lilith, que por aquel entonces era una gatita vagabunda que vivía en el porche de un restaurante. Él me animó a adoptarla, me enseñó lo básico del cuidado de los gatos y se ofreció a cuidarla cuando yo estaba de viaje. Cuando nuestra amistad se enfrió a causa de las desavenencias y, después, la distancia, pensé que echaba de menos a Lilith más que a mí. Durante aquella noche horrible en la que Lilith, conectada a unas máquinas aterradoras, maullaba de dolor y de miedo, me di cuenta de que el mensaje de Don en mi sueño había sido que le había llegado la hora a mi querida gata. No necesité hablar de más tratamientos con el veterinario. Sabía que Don estaba presente y ayudaría a llevarla al más allá.

Desde entonces, Don me ha visitado en sueños justo antes de que alguien vaya a morir. Apareció la noche en que la madre de una de mis amigas más íntimas falleciera. Incluso vino la víspera del día que Anne Rice se marchó (a ambos nos apasionaba) para avisarme de su muerte antes de leer la noticia en internet. También me visitó antes de que perdiéramos a nuestro bebé, pero en esa ocasión lo hizo acompañado.

Hace un par de años, mientras escribía mi libro sobre Morrigan, un amigo al que llamaré Josh falleció. Sentí una rabia visceral contra el mundo por haberse llevado a alguien tan joven (solo tenía treinta y pocos años) y también contra mí misma por no haber acercado posturas hasta poco antes de que se fuera y haberme perdido tantos años de amistad con él. Lo peor de todo era que tenía familia. Lloraba todas las noches por sus hijos pequeños, que crecerían sin su padre. La noche antes de perder a nuestro bebé, tanto Josh como Don aparecieron en el mismo sueño. Don estaba callado y me rehuía la mirada. Josh me abrazó. «¡Te echo tanto de menos!», recuerdo haberle dicho. «¡Pero me va genial, estoy embarazada!».

«Lo sé», respondió Josh en el sueño, con una tristeza que me confundió.

Al día siguiente perdimos al bebé.

Es posible que estos sueños sean un engaño de la evolución. Tal vez los humanos poseamos un poder inherente para saber cuándo se aproxima la muerte, como una táctica de supervivencia para la cual nuestro cuerpo (sin pelaje, escamas, garras, la habilidad de correr rápido o ver bien) no está particularmente bien preparado. Tal vez en el fondo sabía que mi bebé estaba muerto y lo manifesté en mi psique en forma de visitas de mis difuntos amigos. O tal vez a los difuntos se les dé mejor llegar a mí cuando estoy dormida. Supongo que es irrelevante.

Pese a que el duelo se mezcla bastante con estas experiencias, la magia que las acompaña puede parecer un bálsamo.

Pensar que un difunto te ha visitado, ya sea en sueños o despierto, puede resultar inquietante. Sin embargo, a menudo son estos encuentros los que nos conducen a la brujería, ya sea para comprender mejor ese mundo invisible o para aprovechar mejor su poder. Las experiencias también pueden resultar reconfortantes. Agradecí la posibilidad de que Don estuviese allí para acompañar a nuestra gata durante un proceso tan aterrador como es morir. También me reconfortó pensar que quizá tuviera gente al otro lado lista para apoyar a mi corazón cuando mi cuerpo quisiera traicionarme.

Un ejercicio para construir una conexión con el otro mundo

Al igual que el proceso de duelo es único, el de crear un ejercicio antes, durante o después de la pérdida es muy personal. Tu proceso no se parecerá al mío ni al de nadie. Tal vez te preguntes si «lo estás haciendo bien», pero la única forma de contrastar algo es viendo si funciona o no. Es decir, ¿ha funcionado? ¡Entonces sí ha funcionado! A menudo cuando creemos que hemos averiguado algo gracias a los espíritus, la situación cambia. Lo mejor es darnos cuenta con antelación y meditar en retrospectiva.

Básicamente, fijarse, fijarse y fijarse.

Nuestro mundo nos mantiene ocupados y divide nuestra atención. Por eso llevar un diario es crucial. No es necesario que escribas textos muy largos o detallados. Tu diario puede ser una serie de notas. Para empezar, puedes hacerte con un cuaderno lo bastante pequeño como para que te quepa en un bolso. Anota encuentros extraños con gente, animales u otros. Escribe sobre quién o qué sueñas. Deja constancia si de repente te acuerdas de un amigo o familiar al que no has visto o con quien no has hablado en años. No pasa nada si solo escribes: «Soñé con la tía Bertie anoche...» o «Vi un coyote de camino al trabajo». Asegúrate de apuntar la fecha antes de cada anotación.

Practica este ejercicio durante al menos un mes. Cuando sufras la pérdida, repasa las entradas escritas los días previos al suceso. ¿Tuviste algún encuentro raro con animales? Fíjate en los patrones y la sincronicidad, ya que estás comenzando a desarrollar una comunicación con el otro mundo. Repito, dicha comunicación y proceso son algo único para ti, aunque tal vez descubras que algunos patrones son el reflejo de cosas que han pasado en tu familia, del legado cultural o de tradiciones espirituales que has heredado o adoptado.

Un ejercicio para abrirte a recibir mensajes

Si después de realizar el ejercicio anterior durante un mes o más, los mensajes te siguen pareciendo confusos, puedes valorar hacer el siguiente ritual (con o sin modificaciones) para abrirte a otros mensajes del mundo de los espíritus.

Primero recoge un poco de tierra. No necesitas mucha, un poco de tu jardín o de un parque cercano sirve perfectamente. Quizá te resulte tentador recogerla de sitios de donde provenían tus antepasados, pero sé consciente de la región cuando recojas la tierra. Las zonas con mucho turismo, como Irlanda,

Grecia o Egipto, sufren muchos daños a manos de los turistas que quieren recoger tierra y piedras de esas tierras a modo de recuerdo, lo cual perjudica el terreno y las zonas históricas. A pesar de querer conectar con las tierras de nuestros antepasados, es mejor tenerla presente en nuestro interior más que llevárnosla. Sé cuidadoso con las zonas protegidas o las que están recuperándose después de haber sufrido una catástrofe medioambiental, como una erupción volcánica, un incendio o desprendimientos. Esos lugares necesitan toda la tierra de que disponen para regenerarse.

En cuanto hayas escogido la ubicación apropiada, asegúrate de traer un recipiente en el que llevar la tierra contigo. Evita la suciedad o la tierra de las aceras o carreteras, ya que pueden tener otras connotaciones mágicas y una conexión más fuerte con la gente que ha pasado por allí que con el terreno en sí. Ese tipo de ejercicio es perfectamente válido en otro contexto mágico, ¡pero no para este en concreto! Aunque no hay ningún protocolo específico que seguir a la hora de recoger tierra, quizá deberías valorar la opción de ofrecer algo a cambio de su servicio, como por ejemplo retirar basura o especies invasoras de la zona. Otras ofrendas pueden incluir agua (sobre todo si hay sequía en la zona), cantar o simplemente hacerle un cumplido a la tierra diciéndole lo preciosa que es. A todos nos gusta que nos regalen los oídos, ¡incluidos los espíritus de la tierra!

A continuación, elige una hierba. Si tienes una favorita que crees que te acerca al mundo de los espíritus, toma un poco de esa. Si no, aquí te dejo algunas opciones que puedes valorar. Muchas están relacionadas con los antepasados y estarán familiarizadas con el ejercicio debido a sus usos a lo largo de la historia:

- Malvarrosa (*Alcea rosea*): otras plantas parecidas son la malva, la altea o la rosa de Sarón. En algunas tradiciones del vudú, guardar la raíz o las hojas de esta planta en un tarro o junto a un cuenco con agua atraerá a los espíritus ayudantes.[10] Estas plantas pueden recogerse fácilmente en jardines o parques.
- Lavanda (*Lavandula*): si es posible, preferiblemente una rama fresca. Incluso mejor si es una que has plantado tú. Si no tienes, la lavanda seca funciona bien. Cuando trabajes con plantas secas, tómate tu tiempo para frotar la planta con suavidad y susurrarle que «despierte». Hazle saber que tienes trabajo para ella y explícale que la necesitas para un ritual mágico.
- Diente de león (*Taraxacum officinale*): quizá sea la planta más amistosa del mundo y va genial para conectar con los espíritus. Si somos capaces de imaginarnos que sus pequeñas semillas pueden flotar y viajar por el mundo llevando nuestros deseos, también podemos imaginarnos que sus pétalos, hojas e incluso semillas pueden hacer lo mismo con nuestra intención de conectar con el mundo de los espíritus.
- Caléndula (*Tagetes*): la caléndula es nativa de casi toda Sudamérica y Centroamérica y se venera en

10. Yronwode, C. (2002). *Hoodoo Herb and Root Magic: A Materia Magica of African-American Conjure*. Lucky Mojo Curio Company.

muchos países de Latinoamérica por ser una flor con la capacidad de conectar con los ancestros u otros en el mundo de los espíritus. Si tus antepasados reconocieron esta flor como tal, sería una gran elección. A mucha gente sin ascendencia latinoamericana quizá le preocupe usarla por miedo a la apropiación cultural (cuando usamos algo de forma indebida de otra cultura, o nos adueñamos de ello de forma inapropiada). Es una reflexión justa y genera un debate mayor que va más allá de lo que pretende conseguir este libro. Pero para este propósito quizá te resulte útil preguntarte simplemente: «¿Mis antepasados la reconocerían?». En mi caso, si yo ofreciese caléndula como parte de mi conexión espiritual, es probable que mis antepasados dijesen: «¡Vaya, qué flor naranja más bonita!», en vez de «ay, Courtney quiere comunicarse con nosotros», ya que las caléndulas no forman parte de la veneración ancestral de mi familia.

Si no estás seguro de la procedencia de tus antepasados o no sientes que sea correcto usar plantas que no formen parte de tu linaje o tradición, valora aceptar la lavanda o el diente de león, que a estas alturas son plantas más universales. O mejor aún, valora preguntarles a las plantas cuál estaría dispuesta a ayudarte. Quizá descubras que hay una pequeña hierbecilla emergiendo por entre las grietas de la acera ansiosa por ayudarte.

Antes de recoger o usar hierbas o plantas, investiga para cerciorarte de que no sean venenosas para los humanos o las mascotas. Asegúrate también de que las plantas que reúnas no estén en peligro de extinción ni sean una especie amenazada. Hay aplicaciones que ayudan a identificar plantas y son útiles para saber si son especies protegidas o potencialmente peligrosas para los humanos o animales. Ten presente también que rocían espráis con químicos y pesticidas en muchos parques, bordes de carretera y solares vacíos. Si no puedes recoger una hierba o planta que sepas con certeza que es segura, es mejor que cultives una propia en tu alféizar. Si no puedes, no pasa nada por comprarla (fresca o seca) en el supermercado.

En cuanto tengas tu hierba y tu tierra (en caso de usarla), crea un espacio especial solo para esos elementos. Si tienes un altar, genial. También vale una mesilla o la mesa de la cocina. Si puedes encender una vela o incienso en casa o en ese espacio mágico, hazlo. Da igual el color de la vela. Los inciensos de copal o mirra son especialmente útiles para aumentar la posibilidad de conexión con el mundo de los espíritus.

Cuando estés listo, enciende la vela y el incienso en caso de que los estés usando. Coloca la planta en un cuenco con agua junto a la tierra. Invoca a los espíritus comprensivos usando cualquier ensalmo que te guste. Si no tienes ninguno, puedes usar este:

Amigo y aliado,
Reunido/a aquí me hallo,
Para quien me advertiría, protegería y ayudaría,
Abro la puerta a su guía y sabiduría.

Llegados a este punto, valora incluir una declaración sobre cómo te gustaría recibir los mensajes. Por ejemplo: «Acude a mí en un sueño que no me asuste» o «Usa la apariencia de [el animal X] para llamar mi atención».

Asegúrate de agradecer a los espíritus por su guía de antemano. Lleva la tierra en un amuleto o bolsita en tu cartera o devuélvela al suelo junto a la entrada de tu casa. Si vives en un apartamento, colócala cerca de la entrada de tu edificio, pero antes recoge un poco con el dedo y pásala sobre la parte superior de la puerta de tu casa para que los espíritus sepan a dónde ir cuando te visiten con sus mensajes.

Si alguna barrera o entidades protectoras custodian tu casa, asegúrate de hablar con ellas y avisarles de que quizá aparezcan «caras» nuevas y pedirles que les concedan el acceso. Así evitarás conflictos entre espíritus.

De los espíritus que acudan en tu ayuda, algunos solo te asistirán de forma temporal

No te sorprendas ni te sientas conmocionado si descubres que un aliado espiritual parece desaparecer tras un tiempo o incluso tras una sola visita. Su desaparición no significa que hayas hecho algo mal. Es probable que exista algún tipo de protocolo en el mundo de los espíritus que no hay forma de confirmar o entender y que quizá impida que se queden durante mucho tiempo. Algunos tal vez no quieran hacerlo.

Puede resultar tentador usar este ejercicio para conectar con una persona fallecida recientemente, pero ten cuidado, sobre todo si estabas muy unido a la persona en vida o si estás llorando mucho su muerte, ya que te puede costar o resultar imposible conectar con dicha persona. Francamente, tal vez sea lo mejor. Una persona que acaba de morir está ocupada con su transición al otro lado, y conectar con alguien con quien has estado muy unido en vida quizá complique esa transición. Si estás procesando el duelo por una ruptura amorosa o de una amistad, se aconseja no conectar con los guías espirituales de esas personas. Su propio proceso emocional, y por supuesto el tuyo, dificultará el luto y dejará a todos más anclados a la situación. Es mejor pedir ayuda a los espíritus que no estén relacionados con la situación o la pérdida pero que hayan sufrido pérdidas similares. Estarán mejor preparados para ayudarte y obtendrás espacio para llorar y sanar adecuadamente.

Identificar presagios animales

Desde el inicio de la humanidad, la aparición de ciertos animales ha servido como presagio y mensaje para los vivos. El significado de los distintos animales puede variar según la cultura. Creo que estas tradiciones aparecieron a raíz de encuentros individuales, historias que se fueron convirtiendo en folclore y tradición. Teniendo esto en cuenta, nuestras asociaciones con ciertos animales son tan fuertes como aquellas de las tradiciones más antiguas. Sin embargo, identificar presagios animales puede resultar confuso. Es probable que una búsqueda en internet te diga que cualquier animal que veas representa «transformación», «crecimiento» o «protección». Aunque puede ser cierto para algunas personas en concreto, normalmente es poco más que una ilusión. Si interpretamos cada aparición animal como un mensaje para hacernos sentir bien acerca de nuestras decisiones, nos estaremos perdiendo un poderoso legado de animales que quieren compartir con nosotros verdades difíciles de asumir o incluso aterradoras.

Estas son algunas de mis experiencias

Un día estaba paseando a mi perro y un buitre americano cabecirrojo voló justo por encima de mi cabeza. Un poco después, otro nos asustó a mi perro y a mí tras salir volando de un matorral a escasos centímetros de nosotros. Los buitres se alimentan de cosas muertas y ver dos tan de cerca fue claramente un augurio de muerte.

Vivo cerca de muchas granjas en las que los animales mueren continuamente, incluyendo ratones, ratas, ciervos, etc. A los buitres americanos cabecirrojos les encantan esos cadáveres desagradables y aparecen con tanta frecuencia que, si tuviese que tomarme cada una de sus apariciones como una señal de una pérdida futura, viviría asustada y no prestaría atención a los verdaderos presagios. En este caso, el presagio en sí fueron los encuentros tan cercanos e inusuales con estos pájaros, no que aparecieran en sí. Y tuve razón; menos de veinticuatro horas después me enteré de que dos amigos míos habían fallecido esa semana.

El otro presagio me lo transmitió una pluma. Muchos brujos y paganos modernos consideran las plumas regalos de la tierra de los espíritus, y en algunos casos yo también. Sin embargo, viví un suceso que no me hizo sentir tan bien. Durante uno de mis cumpleaños iba caminando por el jardín de atrás de mi casa cuando vi una pluma perfecta de arrendajo azul en el suelo. El hecho de que fuese en mi cumpleaños y que justo estuviese en mi camino me hizo pensar que no podía ser una pluma sin más. ¿Era un regalo de cumpleaños del mundo de los espíritus? Tal vez. No obstante, el arrendajo azul es un abusón y no me fío de los regalos de los abusones. Investigué un poco.

Tras leer varias veces en internet que significaba «transformación», di con una interpretación que me heló la sangre. En una historia del folclore afroamericano del sur, el arrendajo azul es un bromista que acude a ver al diablo todos los viernes para contarle los pecados de la humanidad. Ver uno un viernes no es precisamente de buen agüero.[11] Aunque no soy afroamericana, tengo raíces sudamericanas y la cultura afroamericana del sur influye bastante en muchas tradiciones de mi familia relacionadas con la suerte, la salud y la protección. Lo que es más, el día que vi la pluma fue, en efecto, un viernes. No se trataba de un regalo, sino de una advertencia. Y ciertamente, en cuestión de pocas semanas, se produjeron los incendios horribles que marcaron la tierra de Oregón, su propio infierno. Los espíritus habían sido muy claros.

Al igual que hay que evitar presuponer que todos los animales que vemos nos brindan buenas noticias y transformación, también hay que evitar presuponer que todos representan una pérdida inminente, ya que eso puede crearnos una inquietud innecesaria. Y al igual que apuntas en tu diario sueños o momentos raros, anota también cualquier circunstancia inusual con algún animal. Por ejemplo: ¿se te ha cruzado uno muy de cerca? ¿Has mantenido contacto visual con el animal? ¿El animal era uno que no suele estar en tu región? Repasa esas notas más tarde y estate atento ante cualquier patrón. Puede que tardes años en entender el

---

11. Ivey White, N. (Ed.). (1943). «Jaybirds, Mockingbirds, Filliloo Birds», *The Frank C. Brown Collection of North Carolina Folklore, vol. 7, parte 2, Popular Beliefs and Superstitions from North Carolina*. Duke University Press.

mensaje, pero, aunque te lleve un largo camino, es un ejercicio que vale la pena y una herramienta valiosa.

Algunos rituales

Si escribiera un ritual para cada tipo de pérdida, llenaría enseguida un libro entero. Al igual que el resto de los ejercicios en este libro, esta sección ofrece un gran abanico de interpretaciones. Úsalos como inspiración, no como receta. Siéntete libre de hacer cambios y personalízalos como veas adecuado, sobre todo si tu pérdida dista de las que se describen a continuación.

Un ritual por el fin de una relación amorosa

Si tu relación con alguien se ha roto y esa persona aún vive, quizá te resulte útil devolverle sus pertenencias y quitar cosas que te recuerden a esa persona de tu vista.

Toma una foto de ambos (o de más, en caso de tratarse de una dinámica poliamorosa). Unge unas tijeras con una mezcla de sal, agua y vinagre de manzana. Corta tu parte de la foto y deja su rostro bocabajo y el tuyo, bocarriba. Si se te caen las lágrimas, deja que lo hagan. Un ensalmo sugerido es el siguiente:

Camino solo/a y con libertad,
Lo desee o no, que así sea mi voluntad.
Tengo el corazón roto, pero sigue siendo mío.
Recojo los trozos y decido de libre albedrío.

Llegados a este punto, quizá sea útil hablar con la foto de tu(s) expareja(s). Dile lo que sientes, ya sea algo amable, cruel o enfadado, o incluso injusto a tus ojos. No te preocupes por mostrarte «injusto» o «absurdo». Hablas con la representación de la persona o personas a las que estás llorando. No herirás sus sentimientos ni ellos tomarán represalias contra ti. Lo importante es que tú sanes.

No te precipites a la hora de deshacerte de la foto. Repite el ritual tan a menudo como quieras. Tu comunicación con la imagen puede cambiar de un día para otro. Algunos días quizá sientas más rabia y otros, más tristeza. Este ritual es apropiado incluso cuando fuiste tú quien decidió terminar la relación.

Sabrás que se ha completado el ritual cuando sientas que las cosas entre vosotros se han aclarado y ya no creas que queden asuntos pendientes que solventar. Cuando llegues a este punto, agradece a la foto por guardar el espacio y hazle saber que su trabajo ha terminado. Deshazte de la foto de forma sutil. Puedes enterrarla o incluso dejarla en la basura.

Si después de un tiempo sientes que necesitas rehacer el ritual, ¡hazlo! Descarga o imprime una nueva foto de la persona o personas a las que lloras y repite el proceso. No te culpes si el dolor regresa tiempo después. Recuerda, es una espiral, no una línea.

Un ritual por la pérdida de un amigo

La pérdida de una amistad está muy infravalorada como origen de dolor. Algunos argumentan, no obstante, que puede resultar más dolorosa y su duelo puede durar más que el provocado por la pérdida de una pareja.

Lleva una rosa amarilla a un espacio exterior si es posible. Si es una rosa de tu zona, mejor, ya que tendrá menor impacto ecológico. (No uses flores de plástico para este ritual). El espacio exterior puede ser tu jardín, un parque u otra área. Siéntate con la rosa y medita sobre las cosas que echas de menos de tu amigo (seas tú quien haya decidido zanjar la amistad o no). Repito, no pasa nada por derramar lágrimas, te animo a hacerlo si te sientes mejor así.

Arranca pétalos de la rosa uno a uno y, con cada pétalo, habla de lo que echas de menos de esa persona. Deja los pétalos en el suelo. (Este es un ritual fantástico para un día de viento, ya que se llevará los pétalos).

Una ritual alternativo: habla con la rosa todos los días de forma similar a como te describo anteriormente. Mientras se marchita, guarda los mensajes. Déjala en la basura del jardín o en la de casa cuando estés preparado.

Un ritual por la pérdida de un enemigo

Perder a alguien con quien tenías una relación complicada o de carácter antagonista es también una forma poco aceptada de duelo. Muy a menudo los enemigos son personas que habíamos querido. A veces son personas que nos traicionaron o con quienes tenemos diferencias irreconciliables. Tal vez estemos de duelo porque esas personas no tuvieron lo que pensamos que se merecían en vida y se marcharon sin rendir cuentas a la justicia. Quizá quisiéramos enmendar la distancia y no lo conseguimos. Es posible que incluso sintamos la necesidad de celebrar la pérdida o una mezcla de sentimientos. El fallecimiento de un enemigo está destinado a hacernos sentir emociones tremendamente complejas y es una experiencia de luto bastante inusual. Todo es válido. En general, en la mayoría de las culturas occidentales solo se dicen cosas buenas de los difuntos cuando fallecen, pero si no creemos que esa persona fuera buena o solo vivimos experiencias malas o dolorosas con ella, quizá sientas la necesidad de hablar de eso. Tal vez cueste ver llorar a a otras personas una muerte que no nos afectó tanto. Puede que tal vez sientas alivio con esta pérdida. Repito, todo es válido.

Si estás procesando la muerte de un enemigo, puedes replicar el ritual para la pérdida de una relación amorosa, pero en su lugar di las cosas que habías querido decir en vida y que no tuviste la oportunidad de decir, sobre todo si provienen de la rabia o incluso si son cosas que quizá la gente que llora su pérdida no va a recibir bien. Al igual que con el ritual anterior, puedes repetirlo las veces que quieras y durante el tiempo que quieras. Llegado el momento, quizá te apetezca romper una foto de la persona y, cuando lo hagas, aquí hay un ensalmo que puedes decir:

Hilo sobre hilo, miembro sobre miembro,
Para cesar tu poder sobre mí ha llegado el momento.
No lloraré más por la vida perdida,
El coste no lo soportarán mi corazón ni mi alma.
La muerte se anuncia.
Y a derramar más lágrimas mi cuerpo renuncia.

Por supuesto, tal vez necesites seguir llorando por la situación. Este ensalmo no pretende evitar que el proceso de duelo siga su curso, sino declarar que tu dolor y tu lucha sobre dicha presencia en tu vida han cesado.

Si te preocupa que sea una persona que vuelva para atemorizarte, puedes entretejer esa intención en el ensalmo anterior incluyendo una frase como «Volver a verte no quiero y en mi vida que no me busques espero». Quizá también quieras valorar pedir a un espíritu guía, antepasado, santo o deidad en el que confíes que te proteja. Algunas personas colocan figuras de trols, duendes o gárgolas a ambos lados de la entrada. En cuanto al primer caso, aunque quieras realizar ofrendas frecuentemente, estos seres están acostumbrados a ese tipo de trabajo y es poco probable que se sorprendan por la petición. En cuanto al segundo, como se trata de espíritus más terrestres y menos familiarizados con el tema, quizá debas venerarlos e instruirlos con frecuencia, incluyendo una descripción de la persona a la que quieres mantener lejos de tu casa y de tu vida. Caminar por los límites de tu propiedad, de tu casa o de tu apartamento para declarar que ese espacio es tuyo y que nadie con malas intenciones puede entrar también puede resultar útil.

Un ritual por la pérdida de una mascota

Perder a una mascota es uno de los duelos más infravalorados y menos explorados. Durante miles de años, los humanos han mantenido una relación estrecha con los animales: dependiendo de ellos para sobrevivir, usando su carne, pelaje, lana o protección, o como compañía. Los brujos a menudo forman poderosos vínculos espirituales con sus animales. A veces consideran a esos animales «espíritus familiares», que hoy se definen comúnmente como «animales con los que el brujo ha forjado un vínculo y que pueden ayudar a su manera en los rituales mágicos». Durante muchos años mi gata Lilith me acompañaba en los rituales que hacía; caminaba alrededor de los objetos mágicos o se colocaba junto a quien estuviera hablando en ese momento. No era una gata muy amistosa y normalmente prefería estar a su aire, pero cuando la magia comenzaba, quería formar parte de ella. El día que la perdimos sentí como si me arrancaran algo del pecho.

«No es un mero animal». Recuerda, los humanos llevamos miles de años relacionándonos con los animales. El dolor por perder a un animal con el que tenemos un vínculo es tan real como el de perder a una persona a la que estamos ligados, ya sea por sangre o por elección propia. Para algunos de nosotros puede resultar incluso más doloroso y, sin embargo, el mundo no nos permite parar y llorar a nuestros animales de la misma forma que nos permitirían llorar a los humanos. Cuando pierdas a una mascota, una forma de ayudarte es no rehuyendo la opción de celebrar un funeral u otro tipo de evento conmemorativo para tu animal. Si quieres, puedes invitar a gente a que te acompañe a llorar la muerte de tu querida mascota. Hacerlo también normaliza el proceso de duelo por perder a un animal.

Mientras estés en tu espacio sagrado, ya sea solo o con otras personas, habla con el espíritu de tu animal. Hazle saber que lo quisiste mucho y, si tuviste que sacrificarlo, explícale por qué. Cabe la posibilidad de que lo entendieran, pero tal vez te reconforte decirlo en alto. Es probable que los animales especialmente empáticos tengan problemas a la hora de cruzar espiritualmente, así que explícale que, aunque le echarás de menos, estarás bien. Un ejercicio que mi marido y yo hemos hecho cuando hemos tenido que despedir a nuestras mascotas es explicarles que pueden volver cuando quieran. Como siempre, te dejo un ensalmo que puedes usar si te cuesta dar con las palabras o si simplemente quieres decir algo distinto:

Mi querido amigo, mi corazón envuelto en [pelaje, plumas o escamas],
Libérate, sé libre,
Del sufrimiento, miedo, frío o deseo.
Ojalá nos reunamos, nos conozcamos y nos volvamos a querer.

Otras cosas que puedes hacer para honrar a tu mascota son:

- Si tu mascota fue incinerada, deja sus cenizas en el altar de tus ancestros. También puedes colocar su collar, su tarjeta de identificación o sus juguetes favoritos.
- Dona a un refugio de animales o a una protectora en su nombre.

- Planta flores o árboles cerca de donde lo hayas enterrado o hayas esparcido sus cenizas.
- Preséntate voluntario para realizar labores de limpieza en su parque favorito.

Un ritual para cuando no eres capaz de despedirte

La necesidad de despedirse y de tener algún tipo de cierre es muy humana. Como ya he explicado, la necesidad de pasar página se enmascara con frecuencia con la necesidad de respuestas, pero casi siempre es imposible obtenerlas. A pesar de no poder inventárnoslas, lo que sí podemos hacer es crear la oportunidad para decir adiós. La pandemia no nos permitió asistir a muchos funerales y privó a la gente de la necesidad humana de despedirse.

Ghostear a alguien (cuando una persona desaparece de tu vida sin dar explicaciones) no es ningún concepto nuevo. Cuando mi marido y yo estábamos haciendo la obra de nuestra casa, encontramos una caja con cartas antiguas que databan del siglo anterior. Una era de una adolescente, dirigida a su novio (que presuntamente había guardado la carta), despidiéndose porque él había dejado de escribirle. Podemos culpar a las aplicaciones de citas y a los bloqueos en internet del ghosting, pero esas cartas antiguas demuestran que ese tipo de situaciones, cuando de repente desaparece un amigo o una pareja, no es algo nuevo.

Ya sea porque la persona haya fallecido o siga viva pero no forme parte de tu vida, quizá te resulte útil crear un ritual de despedida propio. Aquí te sugiero uno:

Escríbele una carta en un folio enumerando todas las cosas que se te quedaron en el tintero. Eres libre de expresar tu rabia, dolor, ira, etc. Tómate tu tiempo para pensar en las cosas que apreciabas del tiempo que pasaste con esa persona: cómo os reíais juntos, algo que te enseñó, algo que aprendiste de esa persona sin querer. Si llenas la página, vuelve al principio y reescribe sobre lo que ya has escrito.

Moja el trozo de papel en un cuenco con agua salada y «apretújalo» hasta que empiece a disolverse.

Si puedes, enciende cuatro velas alrededor del cuenco. Da igual el color, aunque para este ritual recomiendo las blancas. Las de pilas también valen. Dependiendo de tu región, empieza por el norte. Tal vez tus direcciones norte, sur, este y oeste sean distintas según donde vivas. Para este ejemplo usaré las asociaciones que suelen verse en el hemisferio norte, pero puedes modificarlas según tu región. Recita lo siguiente (o una versión) para cada una de las velas:

La vela del norte:

> *Puede que los cimientos de nuestro tiempo juntos se derrumben, pero el recuerdo reside en mi corazón. Nos libero a ti y a mí del hielo, la roca y el hueso. Libérate de nuestro tiempo y espacio juntos. Mano sobre mano y piel sobre piel. Libero, libero, libero.*

La vela del oeste:

> *Que las aguas arrastren consigo lo que nos une en tiempo y espacio, pero no en corazón o memoria. Que al abrir las puertas del oeste vayas y fluyas con libertad. Libero, libero, libero.*

La vela del sur:

> *Fuego para purificar, calor para calentar. Que el calor del sol y el corazón de la tierra te guíen en tu camino y te protejan en él. Aunque nos separemos, el cálido recuerdo permanece. Libero, libero, libero.*

La vela del este:

> *Abre las puertas al brillante amanecer. Permite que la luz nueva se cuele a través de ellas. Que ambos dispongamos de nuevos días en este reino y en el siguiente. Libero, libero, libero y doy la bienvenida al aire del nuevo camino.*

En esta sección final del ritual, si hay algo que te gustaría añadir, dilo ahora. No tiene que ser «bueno». Puede ser brusco o como necesites que sea.

Para cerrar el ritual, despídete mientras apagas las velas una por una. Procura apagar las velas antes de que se consuman del todo. Es importante para la despedida final.

Cuando el papel esté casi o totalmente disuelto, deshazte de él y del agua fuera, lejos de tu hogar.

11

El mito de la «superación»

Tengo buenas noticias para ti. No vas a «superarlo».

«Espera, ¿qué?», podrías preguntar. «¡Esa es una noticia terrible! ¡Yo no quiero llorar para siempre!».

Bueno, ¡tengo más buenas noticias!

No llorarás para siempre. Al menos, no como lo estás haciendo ahora. El duelo cambiará y se volverá más fácil. Llegará el día en que sientas que ya no controla tu vida. Pero la buena noticia es que, como jamás vas a «superarlo», no tienes que *intentar* hacerlo. Tampoco te van a salir alas ni te crecerán branquias para respirar bajo el agua. No tienes que perder el tiempo imaginando plumas en el brazo ni forzarte a que te crezcan las branquias; no hacerlo no implica que hayas fracasado. Así que, como nunca vas a «superar» tu pérdida, tampoco habrás fracasado en eso.

Nadie «supera» realmente una pérdida. En cambio, nos adaptamos a una nueva forma de ser. Si hemos estado en la oscuridad y de repente alguien enciende la luz, esa luz nos duele al principio, pero luego nuestros ojos se adaptan. Si la luz se apagara de pronto, aunque al principio nos quedaríamos desorientados por culpa de la oscuridad, también nos adaptaríamos. Cuando nos metemos de primeras en agua fría, al principio nos sorprendemos, pero luego nos adaptamos. El duelo es así. Aprendemos a vivir con esa pérdida.

Yo no he superado la muerte de mis compañeros de clase, pero mi vida continuó. No me regodeé en esa tristeza que sentí los primeros días después de su marcha, pero mentiría si dijera que no me ha afectado ni ha cambiado mi vida. Nada volvió a ser «como era» antes de su muerte. El mundo era distinto, y ese mundo antiguo, el anterior a su pérdida, desapareció. Esa pérdida ha sido determinante para las decisiones que he tomado después, para mejor o peor, y ha moldeado mi forma de ver la vida. Aprendí muy pronto que esta experiencia terrenal es finita para todos, y que hoy estamos aquí y mañana tal vez no. A veces me sigue sobrecogiendo una tristeza brutal y profunda, como cuando los veo en fotos, tan jóvenes como cuando se fueron, o contacto con otros antiguos compañeros cuyas vidas también se vieron truncadas por esa misma pérdida.

Soy feliz en mi matrimonio y agradezco de corazón que mi última relación fracasara, pero hay veces en las que veo un meme gracioso o me cruzo con un amigo en común y desearía poder mensajear a esa persona cuya amistad significó muchísimo para mí antes de que empezáramos una relación romántica. No lo echo de menos como pareja, pero sí que echo de menos a mi viejo amigo. En mi caso, el luto por haber perdido nuestra amistad ha durado más que el luto por haber roto nuestra relación. Y, aunque me duele pasar con el coche o caminar a través de los árboles chamuscados que antes conformaban los preciosos bosques de mi estado, las nuevas y frondosas plantas verdes que están creciendo en la base de esos troncos ennegrecidos me dan esperanza.

Además, mientras escribo esto, dentro de más o menos seis semanas, salgo de cuentas y daré a luz a mi hija. Se espera que nazca tan solo unos cuantos días después del que habría sido el primer cumpleaños de mi último bebé. Dada la proximidad de ambas fechas al Imbolc, es posible que Brigid haya estado conmigo todo este tiempo.

Hay mucha felicidad en un embarazo sano y avanzado, pero también miedo. Sufro pesadillas recurrentes donde lo pierdo. Decorar el cuarto del bebé y recibir regalos preciosos de amigos es emocionante, pero también me llena de temor: ¿y si tengo que devolver todas esas cosas? El amor que siento por mi hija nonata no implica que no sienta la ausencia del bebé que perdí. No obstante, últimamente siento más felicidad y esperanza que pena y desesperación. Amor, felicidad, optimismo y agradecimiento por cómo se han desarrollado al final las cosas: nada de eso elimina el dolor de la pérdida ni neutraliza el duelo. Con el tiempo, el duelo tampoco minimizará ni neutralizará tu felicidad. El duelo y la felicidad pueden coexistir.

Pero, con el tiempo, la felicidad prevalecerá.

¿Podemos elegir sanar?

El tiempo puede hacer maravillas. Puede traernos nuevas cosas positivas, ayudarnos a adaptarnos y a vivir con nuestra nueva forma de ser. No obstante, la frase: «El tiempo lo cura todo» es falsa. Sanar una lesión física lleva tiempo, pero también requiere determinación. Una lesión física quizá necesite medicina o terapia ocupacional como parte de su proceso de sanación, y tomarse la medicación o llevar a cabo la terapia recomendada es en sí un acto de determinación. Asimismo, llorar una pérdida lleva tiempo, pero llegados a un punto, también podría requerir determinación.

La forma de esa determinación dependerá de la naturaleza de la pérdida y de lo que necesite cada persona. Para algunos podría ser asistir a un grupo de apoyo, buscar ayuda profesional o incluso probar una medicación específica; para otros, hacer actividades nuevas o mudarse a otro lugar. Para una gran mayoría es abrir la mente a la aceptación: aceptar que la pérdida ha sucedido, que ha sido dolorosa o injusta, y también que la vida ya no volverá a ser la misma.

Lo que *no* se considera sanar es fingir que todo va bien y que la pérdida nunca ha sucedido.

A veces tomaremos decisiones beneficiosas para nosotros en nuestra nueva vida y nos daremos cuenta de que aún no estamos preparados. Al igual que sucede cuando nos estamos recuperando de un tobillo roto, tal vez probemos a dar un paseo y nos percatemos de que aún no está lo suficientemente sanado. Quizá tengamos una cita después de una ruptura pensando que estamos preparados y nos demos cuenta de que nos resulta demasiado doloroso. A lo mejor vamos al concierto de un grupo que le gustaba a nuestro difunto ser querido y notamos que su música nos afecta demasiado.

En ese caso, retrocedemos. Ya lo volveremos a intentar más adelante.

El duelo no nos define

El duelo nos afecta a todos. No podemos evitar la pérdida ni tampoco acelerar el duelo. Pero no tenemos por qué dejar que esas tristes experiencias sean las únicas que definan nuestra vida. El duelo no tiene por qué definirnos.

El duelo puede ser como el barro, y podemos vernos atrapados en él. Cuando miramos la vida solo a través de la perspectiva de nuestra pérdida, nos privamos de la oportunidad de vivir otros tantos buenos momentos que seguramente vendrán después de esa pérdida. Podemos abrazar nuestro nuevo mundo y a la persona que somos ahora sin minimizar el impacto que ha tenido la pérdida sobre nosotros.

Pero recuerda que elegir sanar no es «superarla». Superarla implicaría que ya no sentimos nada por ella y eso no es realista. Elegir sanar significa decidir seguir con nuestra vida y abrirnos conscientemente a la felicidad. Eso no quiere decir que el duelo no se siga haciendo notar de vez en cuando, incluso décadas después de la pérdida.

No todo el mundo lo comprenderá. Verás que algunas de esas personas que se mostraron empáticas con tu pérdida al principio empiezan a perder la paciencia. Si la gente empieza a decirte cosas inútiles como «Ya es hora de pasar página...» o incluso un cruel «supéralo», aquí tienes algunos ejemplos de cómo puedes responderles:

«Sé que no lo dices a malas, pero necesito hacer las cosas a mi propio ritmo».

«"Superarlo" tal vez fuera lo que tú hiciste, pero todos procesamos el duelo de forma distinta».

«Por favor, dame espacio y respeta mi necesidad de sanar a mi propio ritmo».

«No voy a superarlo, gracias. Estoy aprendiendo a vivir con lo que he perdido».

«Sé que lo dices con buena intención, pero tus comentarios no me ayudan y te pido que respetes mi deseo de no escucharlos más».

También puedes modificarlos según tu forma de hablar y expresarte.

Si hay algo con lo que te hayas quedado de este libro, espero que sea que no hay una llave mágica que resuelva el proceso del duelo. El duelo no puede solucionarse porque no es un problema. El duelo es una reacción natural a la experiencia humana de haber perdido. Es complicado, es caótico, y también es un viaje lleno de regalos y oportunidades en el que no dejamos de aprender. No tiene por qué tener sentido. De hecho, probablemente no lo tenga, y no pasa nada.

Conclusión

Tu proceso de duelo será tan único como tu propio camino como brujo. No hubo ningún momento en concreto en el que decidiese volver a la brujería tras perder a mi bebé, ni siquiera cuando me dieron la buena noticia de que estaba embarazada otra vez. Pero me di cuenta de que jamás había dejado de ser una bruja. Al igual que retomé las amistades que se habían fracturado a causa de mi duelo, también recuperé mi relación con la brujería. Al igual que cambiaron esas relaciones, la que compartía con la brujería también. Cuando se nos rompe el corazón, este cambia. Empezamos a querer de forma distinta, pero sigue siendo amor.

Poco a poco volví a practicar la brujería. Empecé a encender velas en mi altar porque me sentía bien haciéndolo. Empecé a hacer lecturas del tarot para mi marido y para mí porque agradecía pasar ese rato con él y, con el tiempo, recordé por qué al principio de mi camino como bruja me sentía atraída por el tarot. Ahora me siento más cerca de mis ancestros que antes y aprecio aún más la belleza del mundo natural. En parte se debe a que deseo aprovechar la belleza que mi bebé jamás podrá experimentar. Seguir viviendo es a la vez un regalo y una obligación para mí: debo vivir por ese bebé que no pudo.

Una noche hace poco, mi marido sintió la inspiración para llevar a cabo un ritual y me pidió que lo acompañase. Él llevó las riendas y yo lo seguí. Fue un cambio para mí, porque había pasado casi una década encabezando rituales para grupos grandes. Entré en el espacio sagrado y se me saltaron las lágrimas al sentir aquella preciosa familiaridad. No sé qué me deparará el futuro como bruja, pero lo que sí sé es que algo que no he perdido es saber llevar a cabo los ejercicios.

Para mí ser bruja significa abrazar el misterio. Desconozco por qué pasan las cosas, sobre todo las desagradables. Si los dioses existen y tienen las respuestas, no las están compartiendo con nosotros. Aun así, adoro esos misterios y me encanta su belleza. Si existe alguna manera de sobrellevar el duelo, esa es una.

El viaje prosigue. Algunos días me cuestan mucho. Otros parecen nuevos y siento la pérdida un poco más lejana. La mayoría son algo entre medias, pero ha pasado un año de mi pérdida y sigo teniendo momentos duros de vez en cuando. Siento mucha más alegría y me río bastante más. Creo que ahora aprecio esos instantes de felicidad más que antes.

Puede que el camino de la brujería te haya llamado debido a sus cualidades únicas, su libertad, a pesar de (o debido a) no tener un mapa. Tampoco existe ningún mapa para el duelo. Deseo que hayas encontrado en estas páginas ayuda para recorrer este viaje. Nadie podrá acompañarte del todo. Tu viaje es solo tuyo, ya que nadie ha vivido tu pérdida o dolor igual que tú. Sin embargo, continúas un legado de almas que llevan experimentando pérdidas desde el principio de los tiempos y cada una de ellas tuvo la oportunidad de ser feliz, al igual que la tendrás tú.

En eso, jamás estarás solo.

Agradecimientos

Ni sanar ni escribir son viajes solitarios, aunque puedan parecerlo. Este libro y viaje llevan muchos años en desarrollo, así que ofrezco mi más sincera gratitud al Circle of Beloveds, que me han apoyado a lo largo de la creación de este libro y de mi propia sanación: Lisa Anderson, Gina Breedlove, Josi Davis, Britta Dinsmore, Mónica Divane, Ivo Dominguez Jr., Ryan Easton y Elysia Gallo. También al equipo de Llewellyn Worldwide: Carla Gaskins-Nathan, Renee Hill, Judika Illes, Sue Johnston; y a los integrantes de la comunidad RESOLVE: Chaweon Koo, Tamsin Langley-Davis, Fio Gede Parma, Keisha McKenzie, Theresa Reed, Tamrha Richardson, Kanani Soleil, Hilary Whitmore; al TWL Squad, a mi querida familia y a mi marido, Brian, por estar a mi lado una vez más durante la creación de otro libro difícil y un canon de lecciones todavía más complicadas. Y, por último, a aquellos que nos abandonaron, a aquellos que aún siguen aquí y a todos los que nos arrebataron.

Bibliografía

Boss, P. (2022). *The myth of closure: Ambiguous loss in a time of pandemic and change*. W. W. Norton & Company.

Gaiman, N., Kieth, S., Dringenberg, M., Jones III, M., Vozzo, D. y Klein, T. (2020). *Biblioteca Sandman Vol. 01: Preludios y Nocturnos*. ECC ediciones.

Mapes, L. V. (2019, 13 de mayo). *'I am sobbing': Mother orca still carrying her dead calf—16 days later*. The Seattle Times. https://www.seattletimes.com/seattle-news/environment/i-am-sobbing-mother-orca-still-carrying-her-dead-calf-16-days-later/

Pollack, R. (2020). *Seventy-eight degrees of wisdom: A tarot journey to self-awareness*. Weiser Books.

Silk, S., & Goldman, B. (2013, 7 de abril). *How not to say the wrong thing*. Los Angeles Times. https://www.latimes.com/opinion/op-ed/la-xpm-2013-apr-07-la-oe-0407-silk-ring-theory-20130407-story.html

White, N. I. (Ed.). (1943). «Jaybirds, Mockingbirds, Filliloo Birds», *The Frank C. Brown collection of North Carolina folklore: Vol. 7, part 2, Popular beliefs and superstitions from North Carolina*. Duke University Press.

Yronwode, C. (2002). *Hoodoo herb and root magic: A materia magica of African-American conjure*. Lucky Mojo Curio Company.

Para contactar con la autora

Si deseas ponerte en contacto con la autora o te gustaría recibir más información sobre este libro, por favor, dirígete a la atención de Llewellyn Worldwide Ltd. y nosotros le remitiremos tu petición. Tanto la autora como la editorial agradecemos saber vuestra opinión, lo mucho que habéis disfrutado del libro y cómo os ha ayudado. Llewellyn Worldwide Ltd. no puede garantizar que todas las cartas que se le escriban a la autora reciban respuesta, pero sí que se le remitirán. Por favor, escriba a la atención de:

Courtney Weber c/o Llewellyn Worldwide 2143
Wooddale Drive Woodbury, MN 55125-2989

Por favor, incluya un sobre franqueado con su dirección o 1$ para cubrir los gastos. Para envíos desde fuera de Estados Unidos, incluya un sello de respuesta internacional.

Muchos autores de Llewellyn tienen página web con información adicional y recursos. Para más información, por favor visita nuestra web en: http://www.llewellyn.com.